U0644372

乔姆斯基

作品系列

OPTIMISM
OVER DESPAIR

乐观而不绝望

[美] 诺姆·乔姆斯基 Noam Chomsky
C. J. 波利赫罗纽 C. J. Polychroniou
顾洁　王茁 | 译

资本主义、帝国和社会变革

On Capitalism, Empire, and Social Change

上海译文出版社

目　录

第三部分

导　言

C. J. 波利赫罗纽

本书所记录的访谈内容代表了这位当今世界具有学术领导地 1
位的公共知识分子对于资本主义全球化所造成的影响的观点。这些对话持续了将近4年时间，确切地说，是从2013年末到2017年初。每一份采访记录都得到了被访对象的签字认可，它们最早发表于*Truthout*网站。

最近半个世纪以来，诺姆·乔姆斯基（Noam Chomsky）被世人尊称为“美国的道德良心”（尽管绝大多数美国人对他知之甚少），同时也是全球范围内最为众人认同的公共知识分子。从越战时期至今，他一以贯之地挺身而出反对美国的肆意扩张行为，为全世界弱势群体和受压迫阶级的权利大声疾呼。他对当今世事进行了鞭辟入里的分析，这些分析都基于无可辩驳的事实，而且是在深入其骨髓的关于自由、民主、人权和人类尊严的道德考量的指引下进行的。

当下我们所生存的这个时代，经济上的不平等已经到了无以复加的地步，专制主义甚嚣尘上，社会达尔文主义大行其道，连左翼人士也放弃了阶级斗争。在这样一个晦暗的时代，乔姆斯基的大声呼吁几乎可以称得上是唯一一座屹立不倒的代表希望和乐观的灯塔。

一段时间以来，在西方发达社会中，整个政治和社会经济版图中已经逐渐呈现出诸多清晰而有力的迹象：资本主义全球化所造成的各种冲突和与之相关联的新自由主义政策正在形成一种强大的威力和威胁，其中所潜藏着的能量不仅能够给人类的发展、繁荣、正义和社会安定带来毁灭性后果，而且也会对民主制度、自然环境乃至整个人类文明带来不可预期的影响。

2 尽管如此，在乔姆斯基看来，绝望显然不是最好的选择。不管当今世界的现状看上去是如何令人毛骨悚然，挺身而出、反抗压迫和剥削从来都不会是毫无意义的努力，即便是在漫漫的历史长河中，在那些远比当下更为黑暗的年代，也是如此。事实上，美国所发生的特朗普所领导的“反革命”现象已经在不断地激发着越来越多的社会力量浮出水面，这些力量下定决心，去勇敢地直面那些野心勃勃的专横者，这也使得美国这个世界上最强大的国家，与世界上其他一些高度发达的工业化国家相比，其内部反抗专横倾向的浪潮显得更加汹涌，其未来发展显得更有希望。

上述情境让我们坚信，本书所整合的这些访谈记录确实具有至关重要的意义。这些访谈最早由马娅·申瓦（Maya Schenwar）、阿兰娜·玉兰·普赖斯（Alana Yu-lan Price）和莱斯利·撒切尔（Leslie Thatcher）授权，并经过了他们的编辑，后来在*Truthout*网站独立发表过。我们之所以将这些访谈记录编撰成集，是因为我们相信，它们一方面能够帮助我们向年轻一代的读者介绍诺姆·乔姆斯基的观点和理念，同时也能够让其他人继续保持坚定的信念，相信人类始终有足够的潜能来面对政治黑暗所包藏的邪恶力量，相信人类经过百折不挠的抗争，最终一定能扭转历史的进程，向着更加光明的方向前行。

2017年3月

第一部分

分崩离析的美国社会与变动转型的人类世界

C. J. 波利赫罗纽：诺姆，您曾经说过，唐纳德·特朗普的崛起在 5
很大程度上归因于美国社会整体上的分崩离析。您的这一推断究竟是想要表达什么意思呢？

诺姆·乔姆斯基：过去35年或者说更长一段时间以来，但凡在国家层面推行的项目对于地球上的绝大多数人都产生了极具破坏力的后果，其中最直接的影响是，整个社会的发展进入了一种恶性的停滞状态，人们的生活水准不断下降，最终造成人类整体的收入不均现象愈发激化，乃至彻底不可调和。这样的发展趋势造成了恐惧，使人们感到孤立无助。这些人最终成为强权势力的牺牲品，既无法理解当下的现状，也无力对其施加任何影响。事实上，造成美国社会分崩离析的原因并不是经济发展规律，而是政府所采取的各种政策，这些政策的本质是富人和权贵阶层以劳动大众包括穷苦阶级为靶子所发动的阶级斗争。这样的现状也表明，我们确实完全可以用“新自由主义时代”这个标签来界定当下这个历史阶段，无论是在美国还是在欧洲以及世界上其他地方，这都是非常恰当的。特朗普的诉求对象恰恰就是这样一个群体，他们已经开始意识到并且切身体悟到，美国社会走上了分裂和崩塌的道路，他们心中积蓄着难以遏制的怒火、无边无际的恐惧、前路渺茫的彷徨和深入骨髓的失望。他们以及他们所处的群体正在目睹不断升高的人口死亡率，除了战争，这在以往是闻所未闻的。

阶级战争总是与常人难以想象的邪恶相关联，也从来都是单向的。过去30年来，无论是共和党还是民主党坐在总统宝座上管理美国，新自由主义的治理观念都在加剧剥削和掠夺的进程，使得美国社会中的有产阶层和无产阶层之间的差距不断地被拉大，大到前所未
6 有的程度。而且，即便是前些年爆发了金融危机，且执掌白宫的是一位立场相对中立的民主党人，但是我并没有看到新自由主义的阶级政治有任何偃旗息鼓的迹象。

真正掌控并且管理着这个国家的是商业阶级，他们对自己的阶级属性基本上心知肚明。把他们描述成庸俗的马克思主义者并非名不副实，只是其所秉持的价值观和所追求的目标与马克思主义完全相悖。事实上，在30年前，世界上最强大的工会组织的领导人就曾经认识到并谴责过由商业世界发动的这场“单边的阶级战争”。这一战争确实成功地取得了您刚才提到的结果。但是，从另一方面来看，新自由主义政策实际上已经陷入了一团糟的境地。它们甚至开始逐步地对那些最强大也拥有最多特权的群体（这一群体在一开始完全是基于自身的利益考量而有限度地接受了这样的政策）也造成伤害，以致新自由主义政策难以为继。

财富和权势阶层在考虑自身利益时所采纳的政策和他们针对社会弱势群体包括贫苦阶层推行的政策是截然相反的，一旦观察到这一点，你无法不感到震惊。因此，当印度尼西亚面临极为深重的金融危机之际，来自美国财政部（以国际货币基金组织［IMF］的名义）的指示是先偿付国债（当然是来自西方世界的债务），其次是通

过加息来给经济发展踩刹车，然后是彻底推行私有化制度（这样一来西方国家的跨国企业就可以趁机收购它们的资产），再加上新自由主义的其他观念和做法。如果是我们国家自己面临同样的状况，那么所推行的政策则多半是先把债务彻底甩掉，降息，甚至推行零利息政策，推行国有化政策（当然不会公开使用这一说法），然后将大量的公共资金注入到那些金融机构中去，等等。而且，特别令人震惊的是，如此截然相反的处理手段，竟然并没有多少人关注；同样令人震惊的事实是，后一种做法与过去几百年经济发展史中司空见惯的做法并无二致，正是这些做法恰恰导致了我们所生存的这个世界被两极化为第一世界和第三世界。

迄今为止，这样的阶级政治并没有遭到根本性的攻击和反抗。在针对工会组织的攻击方面，奥巴马政权所采取的态度是大事化小、小事化了。奥巴马曾经间接地表明他支持针对工会组织进行的攻击，不过其支持方式是非常耐人寻味的。有一件事很值得我们一起来回忆一下。为了向大家展示一下他是和工人阶级（用美国人的说法就是“中产阶级”）心心相印的，他规划了一系列的视察活动，其中第一站就是位于伊利诺斯州的卡特彼勒工厂。这里之所以会成为他的首选，主要原因在于卡特彼勒在以色列占领地扮演了一个令人作呕的伤天害理的角色，成为摧毁那些所谓的“罪民”的土地和乡村 7
家园的最有力工具，从而激发了教会和人权组织的极大不满，后者开始不断地给奥巴马施加压力。但是，大家似乎并没有真正意识到，正是因为采纳了里根所主张的反劳工阶级的政策，卡特彼勒公司才能经过代代相传，发展成为有史以来第一家肆无忌惮地违背国际劳工公约，并雇佣专业人士来破坏工人罢工运动的工业化企业。美国竟然能够容忍这种完全忽视工人阶级的权利和民主的做法存在，无怪乎在整个工业化世界中，它已经被彻底孤立在外了，其唯一的同伴是推行种族隔离政策时期的南非，而在我看来，时至今日，美国事实上在这一方面已经成了真正的孤家寡人。说这样的选择并非美国所愿，而是出于偶然，这是难以让人信服的。

现在有一个看法被广泛传播，至少是在一些声名显赫的政治策略家群体中广泛传播——这种看法认为，美国的选举与真正的政治问题并无关系，尽管宣传中说为了能够吸引到更多的选票，每个总统候选人都必须要深入理解公众的意见和想法，但事实上，我们大家都心知肚明，媒体在很多关键问题上（看看在发动伊拉克战争前后那些所谓的主流媒体在其中所扮演的角色就会明白）不是提供完全虚假、毫无根据的信息，就是无法提供任何有价值的信息（比如说关于劳工问题）。但是，有强有力的证据表明，美国民众事实上时刻在关注当今美国社会所面临着的那些重大的社会、经济和外交问题。举例说，根据明尼苏达大学几年前公开发表的一份研究报告，美国民众认为医疗保健政策是整个美国所面临的最为重要的问题。我们同时也很清楚，绝大多数美国人是支持工会组织的。另一方面，他们也认为，所谓的“反恐战争”打了一场彻头彻尾的败仗。考虑到上述所有这一切，您觉得，如何才能找到一个最佳方式来理解当今美国社会中媒体、政治和公众之间的确切关系呢？

美国的总统选举按照原本的设计就旨在将真正值得关心的问题边缘化，把关注点引到候选人的个性魅力、演讲风格、身体语言和类似的一些方面。之所以如此，也有很多正当的理由。各党派的管理者所做的主要工作无非是分析选票民调结果，他们深知在很多重大问题上，两党的立场事实上都更靠拢那些倾向偏右的选民；这并不值得大家大惊小怪，因为归根到底，两党本质上都可以被称为商业党派。民调结果会显示绝大多数选民都持反对意见，但是在一个由商业机构暗中掌控的选举制度下，他们别无选择，最终能够脱颖而出的多数都是竞选资金最充裕的候选人。

同样，消费者可能更喜欢体面的大众交通工具而不是在两辆汽车中作选择，但是这样的选择本质上并不是由广告商所提供的，事实上，也不是由市场所决定的。电视屏幕上不断滚动着的广告所传达的信息从来不聚焦于产品本身，恰恰相反，其所展示出来的往往是一
些蛊惑人心的幻象和意象。公关公司一直在努力促使消费者在不掌 8
握充分信息的情况下作出非理性的选择（这一点和抽象的经济理论完全相反），从而破坏市场的力量。同样是这些公关公司在用同样的手段来破坏民主的力量。公关行业的管理者对这一点心知肚明。该行业中那些呼风唤雨的领导者在商业媒体上吹嘘说，自从里根时代开始，他们就能够像营销商品一样营销候选人，对里根的营销是他们最大的成功案例，他们预计该案例是指引公司经理人和整个营销行业的楷模和经典。

您提到了明尼苏达大学关于医疗保健问题的民调结果。这一现象具有典型意义。几十年来，无论是哪种民调结果，都一致表明，医疗保健问题在公众关心的问题清单上向来都是排在前面，甚至是排在第一位的。这并不令人感到意外，特别是考虑到美国整个医疗保健体系的灾难性的失败后果，其人均花费双倍于其他一些可比国家，当然最糟糕的后果还不止这些。不同的民调结果一致表明，绝大多数美国人都希望有一个国有化的制度，也就是所谓的“单一支付主体”，而不是现存的这种针对老年人所推行的医疗保险制度，尽管这样的制度比私有化的制度或者奥巴马推行的医保制度更有效率。而当公众提到这些建议时，哪怕是偶尔提到，就会有人用“政治上不可行”或者是“缺乏政治上的支持”来搪塞——这说明这样的提议一定会遭到从现有制度中获利颇丰的保险和医药等行业的反对。从

2008年的选举,我们对美国民主的运作有了一些有趣的了解,那就是,不同于4年前2004年的大选,在2008年,民主党候选人,首先是爱德华兹,其次是希拉里和奥巴马,纷纷在其政策提案中提到美国民众几十年来一直渴望的医保制度。为什么在短短的4年间就发生了这样大的变化?背后的推动力事实上并不在于公众的态度,公众的态度几十年如一日,未曾发生过任何剧烈的变化。真正的原因在于,这种代价高昂、效率低下的私有化医疗保健制度以及根据法律赋予医药行业的巨大特权让美国的制造业不堪重负。而某些计划一旦得到大资本的青睐,就变得“政治上可行了”,能够获得“政治上的支持”。这些事实及其启发非常明显,但往往不被关注。

对于许多其他问题,不管是国内问题还是国际问题,上述情形都一样适用。

当今美国,尽管财富阶层和大企业的利润回报在很久之前就已
经回归到2008年金融危机发生之前的水平了,但美国经济整体上仍
然面临着层出不穷的问题。而在绝大多数学术界和金融界分析师们
9 看来,亟待解决的重大问题只有一个,那就是政府债务问题。根据
主流分析师们的判断,美国的债务问题显然已经走上了完全失控的
轨道,以至于长期以来这些人坚持反对政府通过推行大规模的经济
刺激计划来促进经济增长的做法,他们认为这样的措施只可能会将
美国推向更深重的债务危机。面对有可能发生的新的金融危机,不
断高涨的债务将对美国经济和国际投资者的信心产生什么样的影
响呢?

确切地说,没有人能够回答这一问题。在美国的过往历史中,尤其是在“二战”之后,债务比重曾经更高。当然,美国最终摆脱了那次债务困境,这归功于战时所推行的半计划经济政策所带来的巨大

的经济增长。我们从中也认识到一个道理，如果政府所推行的经济刺激手段最终能够确保经济的持续增长，那么债务问题还是可控的。当然，还可以采取其他措施，比如说通货膨胀。除此之外的措施，其效果如何只能凭猜测了。美国的主要债权国——尤其是中国、日本和石油输出国——很可能会为了获取更高利润而决定将资金向别的地方转移。但是迄今为止还没有出现这种苗头，其发生概率并不高。考虑到本国的出口问题，这些债权方有相当大的动力来维系美国经济的发展势头。虽然找不到有效的方法来作出准确的预测，但是很明显整个世界的状况至少是岌岌可危的。

您似乎更愿意相信，与世界上其他国家相比，美国尽管经历了最近的一些危机，但在国际经济、政治和军事方面仍然是一个超级大国。当然，我和您的感觉也很接近，而且，我甚至觉得，世界上的其他国家不仅还没有条件在经济上挑战美国的霸权地位，而且还需要美国来充当全球经济的救世主。在您看来，美国的资本主义相对于欧盟各经济体和亚洲新兴经济体究竟具备哪些竞争优势？

2007—2008年间席卷全球的金融危机，很大程度上肇始于美国，但最终的结果是，真正遭受前所未有的重创的，恰恰是其主要竞争对手，也就是欧洲和日本，而美国自己反倒成了所有投资者在深陷重大危机时寻求庇护和投资安全的避风港。美国的优势还是非常显著的。它本身就拥有取之不尽、用之不竭的内部资源。另一个极为重要的事实是，它是一个统一的国家。直到19世纪60年代的美国内战爆发之际，“合众国”这个称呼仍然是复数的（这在当今欧洲各国的语言中仍然如此）。但是从内战结束之后，在更标准的英语用法中，这个称呼就变成单数了。所有的政策都通过国家权力制定，政令出 10
得了华盛顿，资本也能集中起来，快速为整个国家所用。而对于欧洲来说，要做到这一点显然难上加难。最近在全球范围内爆发的金融危机过去了几年之后，欧盟委员会领导的特别任务组就曾经发表过一份报告，其中写道："欧洲需要打造一些全新的组织机构来监控系统性风险，协调对欧盟金融机构的监管。"可惜的是，尽管这个特别任务组是由前法国中央银行的银行家所领导的，但是"最终仍然半途而废了，根本无法建立一个能够覆盖整个欧盟的统一的监管"。而建立这样的机构对于美国来说简直易如反掌。但用该特别任务组的领导人的话来说，这样的设想对于欧洲来说，是"从根本上就不可能实现的使命"。包括《金融时报》在内的（好几个）分析师都曾经一致断言，这样的目标在政治上是永远不可能达成的，"对于众多不愿意放弃这一领域权威的欧盟成员国来说，这一步走得实在太远了"。统一性实际上还意味着很多其他方面的优势。众多以欧洲为研究目标的经济学家都曾经展开过广泛的讨论，其结论是：欧洲无法在面临危机时进行协同反应，其经济因此受到了很大的负面影响。

对于欧洲和美国之间所存在的这种差异及其背后的历史原因，人们并不陌生。在欧洲，几个世纪的长期冲突最终导致了一种民族国家的制度，而第二次世界大战的惨痛经历也让欧洲人进一步坚信，他们必须彻底放弃漫长历史所延续下来的那种相互掠夺、自相残杀的传统政治，因为如果再来一次类似"二战"的巨大灾难，很有可能意味着彻底的毁灭。也因此，用政治学家们最心仪的概念来说，人们终于拥有了一个所谓的"民主式的和平"，但事实上，没有人能够真正说得清楚民主在和平中间到底起到了什么样的作用。相对而言，美国则是一个典型的定居者殖民地性质的国家，在其相对短暂的国家塑造过程中，它屠杀了无以计数的土著居民，将幸存者赶入所谓的"保留地"，同时以武力侵占了大半个墨西哥，然后以此为基地，不断地向南扩张。美国境内的多样性已经被破坏得不成样子了，比欧洲严重得多。美国内战最终大大强化了中央集权，同时也将统一性这一特征扩散到了其他一些领域：全国通用的语言，文化模式，工程巨大的政府性、商业性社会改造项目，比如整个社会的郊区化，通过研发、采购和其他措施对先进产业进行大规模的集中支持。

就亚洲新兴经济体而言，其内部始终存在着很多严重的问题，
西方人对此所知甚少。和中国相比，印度算得上是一个比较开放的
社会，因此我们对它的了解也相应地多一些。在联合国人类发展指
数所统计的所有国家中，印度名列第130位（其展示的是印度在推行
部分新自由主义改革措施之前的表现），如此靠后的排名背后的原
因当然有很多；而中国则名列第90位，倘若我们对中国能多一些了
解，那么它的排名我想应该会更低。我们对中国的了解，迄今为止也
仅仅只能来源于其主动展现在世界面前的那些信息而已。从历史上 11
来看，18世纪时的中国和印度就已经是整个世界的商业和工业中心
了，它们拥有极为成熟的市场化制度，相比较而言更先进的医疗健
康水平，以及其他先进之处。但是后来，帝国主义的侵略和两国所大
力推行的经济政策（从国家层面对富裕阶层的打击，其所推行的自
由市场模式彻底扼住了穷苦阶层的喉咙，使得他们无力喘息）使得
这两个国家陷入了悲惨的境地。值得注意的是，在全球南方（global
south）发展中国家中变成发达国家的其中之一是日本，日本从未沦
为别国的殖民地。这里所呈现出来的相关性并不是偶然的。

在您看来，美国至今还在对国际货币基金组织发号施令吗？

这个还真说不清楚，但是照我个人的理解，IMF的经济学家们理应或者可能在一定程度上独立于政治圈。就希腊的紧缩政策而言，经济学家们根据欧盟所提出的布鲁塞尔拯救方案撰写了大量的报告，提出了一些非常尖锐的批评意见，但是政治人物对这些人的意见

似乎置若罔闻。

在外交政策方面，“反恐战争”看上去已经演化成了一场看不到尽头的征程，而且更糟糕的是，当下的现状就如同那个传说中的九头蛇怪，砍掉其中一个蛇头，立马会长出两个新的蛇头。这种大规模的武力干预真的能够将诸如ISIS（有时候也被称为Daesh或者ISIL）“伊斯兰国”之类的恐怖组织彻底消灭吗？

奥巴马在刚刚入主白宫的时候就大大扩展了武力干预的规模，也大大提升了在阿富汗和巴基斯坦开展的反恐战争的级别，这些行动确实能让人感觉到他是言出必行的。事实上，并不是不存在相对和缓的解决方案，主流舆论圈，比如《外交事务》杂志也这样建议过。但是，很显然这些建议都被奥巴马置之脑后。时任阿富汗总统的哈米德·卡尔扎伊（Hamid Karzai）给奥巴马提出的第一个要求就是，恳求他别再将平民视为轰炸的目标对象，但是很显然，这样的请求并没有得到任何回应。卡尔扎伊还曾经告诉联合国派出的一个代表团，说他真正需要的是一张外国（这里当然主要指的就是美国）军事力量最终撤出其国土的时间表。就是这样一个举动导致他瞬间变成了让华盛顿厌弃的对象，很自然地，他也不再是原先媒体们争相报道的宠儿了，反倒是被冠上了“不可信赖的”“腐败堕落分子”之类的标签。坦率地说，这就像当初他被大家尊奉为我们在喀布尔的“自己人”一样，与事实并不相符。奥巴马向阿富汗和巴基斯坦边界——也就是大家熟知的杜兰线，是由英国人为界定的一条边界线，将普什图人居住地区一分为二，事实上这一设定从来就未曾被该地区人民所接受——增派了大量的兵力，大大提升了对该地区的轰炸力度。自从被人为强加了这条边界线以来，阿富汗就一直试图将之彻底抹掉。

这才是这场“反恐战争”最核心的组成部分。这样的做法当然

12

会激发更多恐怖活动的回击，这和当年美国贸然入侵伊拉克所导致的后果是一样的，也和漫长历史长河中很多指望着用武力作为解决问题手段的做法并无二致。当然，不能否认确实存在着利用武力手段来取得预想的成功的可能性。美国这个国家能够存在这一事实本身就是活生生的实例。俄罗斯对车臣地区的掌控则是另外一个现实存在的例子。但是，但凡需要使用到武力手段，若想要获得预期的胜利，就必须确保拥有绝对压倒对方的武力优势。当今恐怖组织的恶魔在很大程度上是由当初里根及其同伙们共同制造出来的，后来又在别的力量的支持下发展壮大了。“伊斯兰国”只不过是最新出现的一个恶魔，比起当年的“基地”组织，是一个更无人性可言的组织。两者之间还存在着另外一个不同之处，那就是，前者公然提出的诉求中还涵盖了强烈的建国意图。你当然可以派出大量的地面部队将他们从肉体上彻底消灭，但是就算这么做了，你也不可能彻底终止具有和“伊斯兰国”相同思维方式的新兴组织的兴起。暴力催生新的暴力。

在过去几十年间，美国和中国之间的关系经历了不同的发展阶段，如今究竟发展成了什么状态，确实让人难以捉摸，无法理清。据您的预期，美中之间的关系在未来究竟会朝着什么样的方向发展，会有所改善还是逐步恶化？

美国和中国之间的关系事实上一直可以用爱恨交加来形容。中国存在着很多独特之处，比如说劳动者的工资收入低，工作条件差，缺乏严格的环保措施。这一切，首先大大有利于那些已经将生产基地转移到中国的美国和其他西方国家的制造企业；其次，对于规模巨大的零售企业来说，中国也是个采购廉价商品的好地方。如今的美国需要依靠中国、日本和其他一些国家才能确保本国的经济得以继续发展。但是，中国的存在同时也造成了很多问题。当然，它还没有能力立即发展到让美国感到恐慌的程度。在美国冲着欧洲各国挥舞铁拳，警告欧洲人不要再跟伊朗“勾勾搭搭”的时候，绝大多数的欧洲国家更多地表达了顺从的态度。只有中国对美国的警告置若罔闻。这一点让人想起来有一种冷气直冒、如坐针毡的感觉。实际上，长久以来西方国家一直在构建想象中的“中国威胁论”，至今没有停止。

那么，您觉得中国会很快发展到能够真正“威胁”到美国全球利益的地步吗？

在地球上这么多有影响力的国家中，中国在利用军事力量解决各种问题这一点上可以称得上是最内敛、最保守的，即便是从军事力量的储备方面来看也是如此。也正因为如此，几年以前，中国的和平态度吸引了颇有名望的美国战略分析师（约翰·斯坦布鲁纳 [John Steinbrunner] 和南希·加拉格尔 [Nancy Gallagher] 曾经在颇受世人尊重的《美国人文与科学院》杂志上撰文）呼吁中国主动站出来，牵个头，和一批以和平解决各种国际事端为宗旨的国家组成联合力量，一起直面美国推行的激进的军事干预主义，因为在这些分析师看来，这种军事干预主义最终会让整个世界陷入“万劫不复的深渊”。至
13 今我似乎还看不到有什么迹象表明中国的态度发生了任何明显的改变。但是，中国可不是那种愿意跟在别人后面亦步亦趋的主儿，其正在采取措施获取世界各地的能源和其他资源。而这确实具有一定的“威胁性”。

在所有的美国外交政策中，印度和巴基斯坦之间的关系很显然已经构成了一个主要的挑战。这样的情形在您看来是美国能够真正掌控的吗？

某些程度上也许可以。当下的形势是高度不稳定的。克什米尔地区就是一个炸药库，暴力的阴影从来就没有消散过，其中包括印度推行的国家层面的恐怖举动，当然还有以巴基斯坦为基地的一些恐怖分子趁机在其中搅局。而刚刚发生的孟买恐怖爆炸事件也充分表明这个地区的暴力倾向在加剧。要缓和该地区的紧张局势倒不是没有可行的办法。其中一个办法是规划、修建一条从伊朗经由巴基斯坦最终到达印度，为印度输送能源的天然气管道。华盛顿不惜破坏《防止核扩散条约》来向印度输送核技术，其背后的部分动因在于希望借助这一管道输送计划来让印度加入华盛顿对抗伊朗的队列。这一计划同样也和阿富汗相关，因为很长时间以来，印度一直在多方协调，希望能够建立一条从土库曼斯坦经由阿富汗以及巴基斯坦最终到达印度的输油管道（TAPI）。这也许还算不上是一个值得探讨的显性话题，但很可能是一个背景性话题。19世纪的“大博弈”并没有烟消云散，仍然在风起云涌。

在众多政治圈中存在一个比较普遍的认知，认为涉及中东问题时，真正在背后掌控美国外交政策的核心力量是那些来自以色列的政治游说团体。在您看来，以色列的政治游说真的具有如此巨大的影响力，能够凌驾于一个超级大国之上吗？

我的老朋友吉尔伯特·阿奇卡（Gilbert Achcar）是一位在中东问题和国际事务方面享有盛名的学者，他曾经将这种想法定义为“编造出来的幻想”。我非常同意他的看法。以色列的游说力量并不能让美国众多高科技企业产生危机意识，从而加大对以色列的投资，也并不能影响美国政府将大量军事设施提前布防到以色列，以便于日后采取军事活动，进一步加深以美两国之间本来就很紧密的军事和情报合作关系。

当这些政治游说组织冀望达到的目标在美国看来完全契合其国家战略和经济发展利益的时候，那么前者的路通常会走得通：比如，打击巴勒斯坦对美国政界和商界来说就不足挂齿。而当双方的目标不一致的时候——这种情况司空见惯——那些游说组织就会消失，毕竟直接对抗美国权力不是什么好玩的事情。

14 对于您的分析，我没有任何疑议，但是我同时也觉得您应该会认同以色列的游说组织确实拥有足够的影响力，而且撇开其所拥有的经济和政治影响力不谈，对以色列的批评指责在今天依然能在美国本土引发人们歇斯底里般的反应。就您本人而言，这么多年来，您一直是右翼犹太复国主义分子的攻击对象。请问，究竟是什么原因使得以色列的游说组织能够对美国公众舆论施加无形的影响呢？

您所说的这一切都是事实，当然最近几年来，这种情况似乎比过去有所减弱了。事实上，权力压倒公众舆论的看法并不准确。单以人数为标准来衡量，支持以色列的最大力量并不是那些游说组织，而是基督教基要主义者。英国和美国的犹太复国主义思潮的形成要比犹太复国主义者所推动的运动早得多，其所秉持的理念基础是借用天意或者神助对《圣经》预言所进行的解释。对于巴以两国制的设想，绝大部分的民众都是持支持态度的，事实上也只有美国一个国家在竭力阻碍这一方案的实现，而民众无疑并没有充分地意识到这一点。在受过教育的民众中，包括犹太知识分子群体，在1967年以色列出乎意料地赢得战争胜利之前，对建立以色列国有兴趣的人并不多。而正是那场载入史册的胜利最终真正建立起了美以两国之间的同盟关系，也逐步让美国一部分受教育人群爱上了以色列，几十年来这一恋爱关系激情不减。以色列在军事上所表现出来的强势和美以之间的联盟关系为这些人提供了一种令人难以抗拒的诱惑力，他们把对华盛顿政府的大力支持与对强权的无限崇拜情绪以及所谓人道主义原则的借口结合在了一起。但是，从长远来看，一旦有任何人开始谴责美国所犯下的滔天罪行，社会上的反应就会与上述情绪一样激烈，甚至有过之而无不及。如果我现在统计一下过去这些年我曾经收到过的死亡威胁，或者说是各大杂志上对我的口诛笔伐，其中关于以色列的并不是主要的原因。这一现象绝对并不仅仅局限于美国本土。从本质上说，西欧和美国在这一点上并没有太大的不同，尽管前者似乎总是沉浸在自我创造的幻觉世界中。当然，我们也不能否认，欧洲对那些针对美国行动的谴责抱着相对开放的态度。通常人们对他人所犯下的罪行总是更欢迎一些，因为这可以给人带来更多机会来展示自己令人骄傲的道德高度。

在埃尔多安（Erdogan）的领导下，土耳其在对待中东和中亚的战略方面正在走一条新奥斯曼帝国的道路。面对土耳其这一宏大战略的不断推进，美国的态度是协作还是反对？

土耳其毫无疑问是美国举足轻重的盟友之一，也是基于此，在克林顿时代，土耳其就已经发展成美国军事武器的重要买家（在有些领域，可能会落后于以色列和埃及）。克林顿时代，来自美国的大量武器潮水般地涌入土耳其，帮助后者针对境内库尔德少数族裔群体
展开了大量谋杀、破坏和恐怖活动。从1958年开始，在美国的庇护 15
下，土耳其一直是以色列最主要的盟友之一，也是非阿拉伯国家大联盟力量中的一个重要组成部分，其任务是通过保护专制统治者不受“激进民族主义”（针对老百姓使用的委婉说法）影响，从而确保对这个地球上最主要的能源资源的掌控。很多时候，美国和土耳其之间的关系也并不是十分顺畅的，一直存在着一些张力。在美国计划入

侵伊拉克的准备过程中，这一张力彻底浮到了表面，变成了现实。当时土耳其政府顺应了国内95%民众的民意，拒绝加入这一作战计划。这一决定让美国大光其火。华盛顿立即派出保罗·沃尔福威茨（Paul Wolfowitz）前往土耳其，敦请这个竟敢违抗美国命令的政府赶紧悬崖勒马，真诚地向美国道歉，让土耳其充分意识到自己的职责就是为美国提供一切必要的帮助。虽然这一事件最终被曝露于公众，但是对于沃尔福威茨这个被自由派媒体尊称为布什政府的“首席理想主义者”，对于这个为了推广民主制度贡献了自己的一切的政客来说，其政治声望不仅没有受到任何损害，反而增加了其光环。时至今日，尽管美土两国之间的联盟始终还存续，并没有结束的迹象，但是两国之间的关系在一定程度上确实开始变得紧张了起来。土耳其和伊朗以及中亚各国之间有着很自然的潜在关系，所以它从本能上会更倾向于和这些地区建立更深远的关系，这一点也就很可能会使其与华盛顿之间的关系再度形成冲突，产生张力，不过，至少就当下来看，这种情况似乎尚未真正成为事实。

让我们回到西方，北大西洋公约组织（NATO）从比尔·克林顿在任期间就开始的东扩行动，还在继续进行吗？

在我看来，克林顿犯下的罪行不胜枚举，其中一个重大的罪行就是推动NATO不断东扩，彻底违背了他的前任对戈尔巴乔夫曾经作出的承诺，那是在戈尔巴乔夫作出了一个令全世界大跌眼镜的让步，允许统一后的德国加入这一对俄罗斯充满极大恶意的军事联盟组织之后作出的承诺。继任的小布什总统则不仅将这些在我看来属于极为恶劣的挑衅行为继续往前推进，而且还公然呈现出一种极富侵略性的军事主义扩张姿态，这样的做法不出意料地引发了俄罗斯的强烈反弹。即便面临来自俄罗斯的强烈反对，美国的战争红线如今还是推进到了俄罗斯的边境。

对于欧盟，您有什么看法？至今为止，它在很大程度上仍然是贯彻新自由主义理念的开路机吗？它无法成为阻止美国扩张政策的保障力量吗？那么，您觉得欧盟未来会崛起为世界舞台上一个富有建设性和影响力的角色吗？

也许吧。这应该是由全体欧洲人作出的决定。有些人更倾向于欧洲采取一种独立的立场，这其中最著名的应该算是戴高乐。但是总体而言，欧洲的精英群体似乎更喜欢不出头，宁可跟在华盛顿的背后亦步亦趋。

难以形容的恐怖："反恐战争"的最新阶段[1]

17 **C. J. 波利赫罗纽：**今天我想要听听您如何理解"反恐战争"的最新发展趋势。反恐政策往上可以追溯到里根年代，后来到了小布什总统时期就逐步演化成了一种类似于患上了"恐伊斯兰症"的"当代十字军东征"，其最终造成的后果是生灵涂炭，难以计数的无辜生命被彻底葬送，同时对国际法则和世界和平造成了令人震惊的深远影响。随着越来越多的国家纷纷卷入这场混乱当中，这些国家所秉持的政治目的和利益考量与美国及其盟友所秉持的显然并不总是在同一轨道上，也因此促使这场"反恐战争"进入了一个全新的阶段，或许可以说是比以往更让人感到恐惧的危险阶段。首先，您是否同意我对于这场反恐战争的演进进程所做出的上述评价，如果您认同我的观点的话，那么您觉得这样一场显然看不到终点但又将全世界都卷进来了的"反恐战争"，究竟会对世界尤其是西方社会的经济、社会和政治带来什么样的后果？

诺姆·乔姆斯基：这场"反恐战争"经历了两个不同的阶段，但有一个关键的点还是一脉相承的。里根时期的反恐没有多久就演变成了以谋杀为主要特征的恐怖战争，也因此很快就"寿终正寝"了。他一手推动的那场"反恐战争"给中美洲、非洲南部地区以及中东地区带来了令人不堪回首的恶劣影响，首当其冲的是中美洲，该地区至今尚未完全从恐怖的阴影中恢复过来，这也是目前我们还不得不面对的难民危机背后的根源之一，尽管大家在讨论这一问题时几乎不会提及这一原因。这一结论完全适用于2001年由小布什总统再度 18
宣告的这场“反恐战争”，即第二阶段的反恐战争。如此赤裸裸的打击行动给国际上很多地区带来伤害，反恐行动已经在采取新的形式了，特别明显的就是奥巴马在全球推行的无人机定点攻击行动，该行动打破了人类恐怖活动史上的所有纪录。不论是这种行动还是其他反恐手段，其最终造成的后果是催生恐怖主义分子的速度远快于其消灭他们的速度。

布什发动的“反恐战争”设定的主要目标对象是“基地”组织。结果呢，反恐的战场不断地迁移，从阿富汗到伊拉克，然后是利比亚和其他地区。这些打击所造成的结果是圣战恐怖从一开始困守在阿富汗境内的一个小小部落开始蔓延，不断发展壮大，触角经由黎凡特伸展到了西非，然后一路蔓延到东南亚地区，几乎触达世界上的每个角落。这算得上是有史以来伟大的政策性胜利了。与此同时，“基地”组织已被更邪恶、更具破坏性的分子所取代。到目前为止，单就其行动本身所体现出来的残酷程度而言，“伊斯兰国”确实可以说创下了很多前所未有的纪录，但是觊觎这一地位的恐怖势力还很多，个个争先恐后。军事分析师安德鲁·科伯恩（Andrew Cockburn）在《杀戮链条》（*Kill Chain*）这本具有深远影响的专著中，对恐怖组织多年来的动态演变过程进行了深入的研究。他充分地描述并阐释了一个道理，如果你在还没有办法对付某一现象背后的根源之前就贸然先下手消灭某一组织的领导人，那么就会有比前任领导人更年轻、更能

① 最早发表在2015年12月3日的*Truthout*。

干也更狠毒的新人取而代之。

所有这些努力的结果是，整个世界的舆论都开始将美国视为世界和平的最大威胁力量，而且持有这一观点的人越来越多。排在美国后面（差距很大）的是巴基斯坦，我感觉这个结果可能归因于印度人在接受此类研究时所作出的强烈反应。类似上述行动的“反恐战争”越有成效，就越有可能导致西方世界和被激怒了的伊斯兰世界之间发生范围更广泛的战争，与此同时，西方国家对其内部的民权运动也在推行压制和束缚政策，并因为庞大的政府开支而痛苦不堪，这样的结果事实上显然是在让昔日的奥萨马·本·拉登（Osama bin Laden）和如今的“伊斯兰国”梦想成真。

在围绕着“反恐战争”进行的关于美国政策的热烈讨论中，公
开行动和秘密行动之间的差异已经消失不见了。美国对恐怖组织的
身份进行认定，以及确定哪些国家或者关键人物在积极支持恐怖主
义，都是比较随意的主观判断。不仅如此，在有些情况下，对罪犯的
界定也让人们开始质疑所谓“反恐战争”的本质到底是什么，是真
正针对恐怖主义发动战争，还是为了给自己以征服整个世界为目的
的各种政策寻找借口而故意放几个烟幕弹而已。比如说，“基地”组
织和“伊斯兰国”是毫无疑问的恐怖分子，是犯下了滔天罪行的邪
19 恶组织，但是美国的盟友，比如沙特阿拉伯和卡塔尔，甚至包括作为
NATO成员的土耳其，对“伊斯兰国”都采取了积极主动的支持态
度，而对于这一点，美国的政策制定者和主流媒体要么视而不见，要
么轻描淡写。对于这一点，您有什么看法？

关于这一点，我的看法和我前文提到的对于里根和布什时代的“反恐战争”的看法是一致的。对于里根来说，对中美洲事务的干预不过是后面一系列行动的前奏而已。被暗杀了的萨尔瓦多大主教

奥斯卡·罗梅罗（Oscar Romero）的继任者里韦拉·达马斯（Rivera Damas）主教曾经将美国在背后大力推动的这场内战描述为“一场由毁灭性杀戮和种族屠杀组成的残酷战争，其所针对的目标完全是那些手无寸铁的平民”。而在危地马拉和洪都拉斯所发生的一切则比萨尔瓦多更惨绝人寰。尼加拉瓜是当时唯一一个拥有自己的军队，并且勇敢地挺身而出抵抗里根领导下的恐怖攻击以求保护自己的国家；而在其他一些中美洲国家，安全部队本身就是赤裸裸的恐怖分子。

在南非，所谓“反恐战争”不过是提供了一个明面上的借口而已，其背地里却毫不掩饰地支持南非本土和相邻区域的各种罪行，并且造成很多新的伤亡。我们不得不保卫我们的文明，使之免受世界上“最臭名昭著的恐怖组织之一”纳尔逊·曼德拉（Nelson Mandela）所领导的非洲人国民大会的破坏。直到2008年，曼德拉的名字还被赫然地列在美国的恐怖分子黑名单上。在中东地区，所谓“反恐战争”其实是支持以色列以暴力谋杀手段入侵黎巴嫩，以及其他的一些丑恶行径。这样的做法无非是给布什找到了一个后来入侵伊拉克的有力借口而已。所以，这一趋势还会愈演愈烈。

当下在叙利亚所发生的一切令人毛骨悚然，简直无法用言语来形容。真正在顽强抵御“伊斯兰国”的主要地面力量似乎只有库尔德武装。库尔德武装在叙利亚就像在伊拉克一样，都是美国恐怖分子黑名单上的主要成员。在叙利亚和伊拉克，他们都是美国在NATO中的主要联盟成员土耳其下定决心要消灭的对象，而土耳其却从不掩饰自己积极支持叙利亚境内的“基地”组织的分支“努斯拉阵线”。尽管后者一直在和“伊斯兰国”为了扩张地盘进行你死我活的争斗，但在我看来，两者本质上没有什么差别。土耳其不遗余力地支持“努斯拉阵线”，甚至当五角大楼给当地派驻几十个经过精心训练过的战斗人员时，土耳其毫无犹豫地就将消息透露给了“努斯拉阵线”，结果这些战斗人员迅速地被“努斯拉阵线”干掉了。“努斯拉阵线”和与其有着紧密合作关系的“沙姆自由人”组织同时还得到了美国的盟友沙特阿拉伯和卡塔尔的公开支持，而且它们手中掌握着的大量先进作战武器很可能就直接来自美国中央情报局。有报道说，这些恐怖组织曾经使用过明显是由中央情报局供应的战区（TOW）反坦克重型武器，对阿萨德领导的叙利亚军队展开过猛烈的攻击，造成了大量伤亡，很可能是因为这个原因最终迫使俄罗斯不得不直接插手。另外，土耳其计划似乎继续允许“圣战组织”借由其边境进入“伊斯兰国”领地。

尤其值得注意的一点是，在上文提到的这些国家中，沙特阿拉
20 伯多年以来一直没有停止过支持那些极端的“圣战组织”所进行的恐怖活动，这种支持不仅仅表现在资金方面，还表现在宣传和教育方面，通过其境内的《可兰经》传授学校、清真教堂和大量伊斯兰教神职人员来主动地传播伊斯兰教激进的瓦哈比教派的教义。这种对伊斯兰教逊尼派的“瓦哈比化”根本不体现任何正义理念，因此被专注报道中东问题的记者帕特里克·科伯恩（Patrick Cockburn）定义为当今时代最危险的变化趋势之一。沙特阿拉伯和阿拉伯联合酋长国拥有的军事力量不仅数量巨大而且也极为先进，但是在和“伊斯兰国”恐怖势力进行抗争的进程中，你很少能够看到它们的参与。它们的行动局限于也门，最终给当地造成了巨大的人道主义灾难，而且很有可能就像过去曾经发生过的那样，反而催生出更多的恐怖分子，成为我们所领导的这场“反恐战争”未来必须要面对的对手。与此同时，这一区域以及世世代代在这片区域上生存着的普通人则不得不继续挣扎在绝望的深渊中。

对于叙利亚而言，唯一一线希望似乎就是在这么多纠缠不清的

复杂力量（当然，“伊斯兰国”是被排除在外的）中促成谈判协商的机会。这一过程显然不得不卷入一些令人讨厌的人物，比如说叙利亚总统巴沙尔·阿萨德（Bashar al-Assad）。很显然，他是绝对不会自取灭亡的，所以，如果为了不让整个叙利亚继续在自我毁灭的道路上越走越远，我们也不得不将他卷入到合作谈判中来。在维也纳所进行的和谈努力不会是一帆风顺的，必须经历很多曲折的步骤。战场上的较量当然还有可为的空间，但是外交手段还是必不可少的。

土耳其在这场全球范围内的所谓“反恐战争”中所扮演的角色，总让人觉得它是现代外交史上最伪善的国家之一。在俄罗斯战斗机被击落之后，弗拉基米尔·普京也终于不留一丝情面地给土耳其钉上了一个“恐怖分子帮凶”的标签。美国及其西方盟友之所以心知肚明地公然无视一些海湾国家对“伊斯兰国”之类恐怖组织的支持，我想其中一个很重要的原因应该是对石油的需要，但是对于土耳其如此明目张胆地支持伊斯兰极端分子的恐怖行径，这些西方国家也置若罔闻，这背后的原因又是什么呢？

因为地缘战略上的巨大价值和意义，土耳其对于NATO来说一直是一支至关重要的联盟力量。贯穿于整个20世纪90年代，在为消灭其境内的库尔德人而发动的一系列战争中，土耳其犯下了令人发指的滔天罪行，但在这过程中逐步发展成为美国武器装备的最主要买家（不算以色列和埃及，这两个国家另当别论）。美土之间的关系有些时候也会紧张，最明显的时候是2003年，当时的土耳其政府采纳了国内95%的民众的意见，拒绝和美国站在一起发动对伊拉克的攻击。土耳其为此而不得不面临尖锐的指责，指责它不知“民主”为何物。但是总体而言，美土之间还是保持着非常紧密的关系的。就在最近，美国和土耳其还就针对“伊斯兰国”发动“反恐战争”达成了一个协议：土耳其允许美国使用邻近叙利亚边境的土耳其军事基地，而作为回报，美国承诺打击“伊斯兰国”——但实际上是打击土耳其的心腹之患库尔德武装。

在使用武力方面，俄罗斯似乎一直采取比较克制的态度，与美国形成反差。当然，我的这一说法很可能并不能得到很多人的认同。我这里权且假定您同意我的这一假定，请问这背后的原因是什么？

俄罗斯是那个力量相对薄弱的一方。它们可没有像美国这样，在世界各地拥有800个军事基地，也不可能像美国这样，这么多年来到处插手，任意妄为，更不可能像奥巴马政府那样，在全世界施行暗杀计划，即便是冷战时期也是这样。俄罗斯也许有能力在自己的边境附近使用武力，但是基本上不可能采取类似印度支那战争那样的行动。

现在看来，法国似乎已经成为伊斯兰极端主义恐怖分子最热衷的袭击对象。这是为什么呢？

事实上，更多的非洲人是被伊斯兰的恐怖主义分子杀害的。实际上，“博科圣地”在国际恐怖组织名单上比“伊斯兰国”还要排名靠前。[①] 在欧洲，法国之所以会成为恐怖袭击的主要目标对象，很大程度上需要追溯到当年发生的阿尔及利亚战争。

哈马斯和黎巴嫩真主党之类组织一直以来也大力谴责“伊斯兰国”所推广的伊斯兰激进组织的恐怖主义。那么“伊斯兰国”和这

---

① Katie Pisa and Time Hume, “Boko Haram Overtakes ISIS as World’s Deadliest Terror Group, Report Says,” *CNN*, November 19, 2015, www.cnn.com/2015/11/17/world/global-terror-report.

些同样被定义为恐怖组织的力量之间究竟有什么不同，“伊斯兰国”真正的诉求究竟是什么？

在用“恐怖组织”指代特定的力量时，我们必须保持谨慎的态度。反纳粹的组织团体也曾经使用过恐怖手段来实现其使命。乔治·华盛顿（George Washington）领导的军队也并不例外，在美国建国过程中确实曾经出现过大量普通民众因为惧怕华盛顿所采用的恐怖手段而四处流散的情况，美国的原住民社区对这种恐怖手段更是胆颤心寒，在他们眼里，华盛顿简直就是个“乡镇毁灭者”。事实上，在历史上所有的民族解放运动当中，你很难找到没有借助过暴力恐怖手段的案例。黎巴嫩真主党和哈马斯就是为了反抗以色列对其国土的侵占和掠夺而应运而生的。但是，无论按照哪个标准来判断，“伊斯兰国”都是与众不同的。它致力于攫取一大块疆域，并以此为基础，建立一个伊斯兰哈里发帝国。这样的诉求与其他组织相比当然是大相径庭的。

2015年11月巴黎大屠杀事件刚结束后不久，奥巴马总统就和法 22
国奥朗德总统召开了一场联合新闻发布会，誓言“必须彻底摧毁‘伊斯兰国’”。您认为这是个可以完成的使命吗？如果是，该采取什么样的措施才能完成？如果不是，原因又是什么呢？

西方各国其实完全有能力将“伊斯兰国”控制的领地上的每个人都消灭掉，但是即便真的做到了这一点，我也不觉得“伊斯兰国”就能从此烟消云散，被彻底摧毁，而恰恰更有可能出现另外一种状况，那就是，我先前已经提到过的，比过去程度更深的新型恐怖活动一定会在原地满血复活，甚至可能发展得更加如火如荼。“伊斯兰国”致力于达成的一个目标是蛊惑“宗教改革斗士”积极投入到以所有穆斯林群体为目标的斗争中去。如果我们不想成为这场灾难的帮凶，那么就应该全力以赴地从根本上解决这一问题，创造有利条件，依靠本地力量把“伊斯兰国”这样的恶魔消灭掉。

长期以来，外国势力的干预事实上已经变成了一个魔咒，而且这个魔咒还将一如既往地存在下去。这样的情形还是有可能找到明智理性的解决方案的，比如威廉·波尔克（William Polk）就曾经给过一些建议。波尔克先生是研究中东问题的著名学者，不仅仅对这个地区的了解非常精到深入，而且也能够深入地接触到美国政府负责解决中东问题的最高决策层。[①] 波尔克的建议有着坚实的支撑基础，其中最主要的是斯科特·阿特兰（Scott Atran）对“伊斯兰国”的诉求所进行的最认真最细致的调查。很不幸的是，该建议得到相关各方关注的机会在我看来并不大。

围绕战争的美国政治经济建设有这样一个指导思想：战争几乎是不可避免的。当年艾森豪威尔（Dwight Eisenhower）总统在他的离任演讲中似乎也充分意识到了这一点，因此才严肃地警告世人要防范军工联合企业可能带来的威胁。在您看来，要让美国摆脱类似的军国沙文主义意识形态，需要采取什么样的行动？

“军国沙文主义意识形态”当然会让很多经济部门从中获益，这一点是毋庸置疑的，但是我个人并不认为这是最核心的原因。地缘战略和国际经济方面的因素也很重要。在“二战”结束后早期，经济利益——当然只是其中一个因素而已——确实曾经是各大商业媒体热议的话题，而且当时的讨论方式还是蛮有趣的。当时大家都一致认为，是政府的巨额投入将整个美国从经济衰退的绝境中拯救了出来，还有很多人担心如果政府开支因为各种原因受到了限制，美国

① William Polk, “Falling into the ISIS Trap,” Consortium News, November 17, 2015, https://consortiumnews.com/2015/11/17/falling-into-the-isis-trap.

很可能又会滑到衰退的境地。《商业周刊》(1949年2月12日)曾经
推动过一场令人颇长见识的大讨论，指出社会性开支也可能产生和
军备开支相类似的“刺激”效应，但同时也强调说，对于广大商人来
说，“福利开支的刺激和军备开支的刺激之间还是存在着巨大的社会 23
和经济差异的”，因为后者“并不能够真正改变经济的结构”。对于
商人来说，这不过是多了一份订单而已。但是福利和公共建设开支
“则可以实实在在地改变整个经济。它能够自发地创造出新的通道，
创造出新的组织机构，重新分配社会收入”。我们还能列举出更多好
处。军备开支很少会影响到公众，但是社会性开支会涉及我们每一
个人，并且还能激发出一种民主化的效果。正是基于这样一些原因，
军备开支才更受美国政府的推崇。

让我们进一步来探讨美国政治文化和军国主义意识形态之间的关联这个问题。美国影响力在全球范围内的明显衰退是否有可能会促使未来的美国总统变成战争狂人？

“二战”之后，美国攀上了权力的顶峰，但是没过多久就开始走下神坛，势力逐步衰减，首先是“失去了对中国的掌控”，后来则是其他一些工业化国家开始恢复实力，加上又经历了去殖民化这样一个痛苦进程，而最近这些年又出现了使其威力分散化的各种因素。美国也相应地作出了各种反应，其中包括布什式的美国必胜心理和侵略性政策，另外一种反应则是奥巴马式的克制态度，谨慎地使用地面部队参与战争。当然可能性远远不止这两种。美国人最常见的心态是漠不关心，对此我们还是能够施加一些影响的。

当伯尼·桑德斯(Bernie Sanders)开始正式寻求民主党选民的支持，争取当选美国总统时，那些秉承左派主张的选民是否应该支

持他？

我认为答案应该是肯定的。他的整个选举活动事实上还是颇令人尊重的。他真切地警醒大家来关注那些与我们密切相关的重要议题，这些议题过去从未被真正推到选举前台来，但是桑德斯的选举活动则在一定程度上推动民主党朝着进步的方向略微前进了一步。在我们这样一个选票完全靠金钱购买的选举制度下，他能够当选总统的概率老实说是微乎其微的，而且即便他出乎所有人的预料最终入主白宫，他要想让美国的政策发生任何根本性改变，在我看来，所面临的挑战也是大到无法想象的。共和党不会自动消失，而且他们可以充分利用改划选区等措施至少把控住众议院，过去几年他们虽然在众议院只占少数席位但也在不懈地努力，今后他们甚至还有可能在参议院也拥有更大的发言权。我们有理由相信，共和党一定会不遗余力地阻碍民主党迈向进步或者理性的方向，哪怕这种迈进是极小的步伐。重要的是，我们必须时刻认识到，共和党发展到今天早就不再是正常意义上的政治党派了。

正如体现保守倾向的美国企业研究所那些深受世人尊重的政治
24 分析师们已经观察到的那样，过去的共和党如今已经堕落成了一支“激进的逆反力量”，基本上彻底摒弃了议会政治的理念。这种发展趋势背后有着耐人寻味的原因，但在这里我们无法展开讨论。而民主党也同时不断向右偏移，其所秉承的核心理念事实上已经更接近于多年之前的共和党当中的温和派，当然，艾森豪威尔时代所推行的各种政策让我们认为他在政治光谱上的位置和如今的桑德斯是一致的。因此，桑德斯在国会那里很难得到多少支持，在各州层面也一样。

不用说，那些层出不穷的政治游说者和腰包鼓鼓的政治献金者也不太可能团结在一起，组成真正意义上的政治联盟力量。即便是奥巴马偶尔迈出的那些体现进步方向的步伐绝大部分也在中途就被阻拦住了，当然这里可能还存在其他一些因素，也许是种族主义；要想真的厘清他在人们内心深处所引发的仇恨的具体程度，也很困难。但是总体而言，如果桑德斯真的有那么一丝机会荣登美国总统宝座的话，他的双手一定会被紧紧地绑住，除非最终出现了真正起到关键推动作用的因素：代表民众意愿的运动确实发展壮大了起来，让桑德斯可以借势逆流而上，才可能（或者必将）推动他超乎想象地朝前迈进。

说到这里，我觉得我们不得不讨论一下桑德斯的选举活动中最为重要的组成部分。他的这一次参选确实鼓动了大量的民众。如果这些推动力在选举结束之后能继续维持其动能，而不是等狂欢式的选举运动结束后就立即褪去光环和热情的话，那么它们将很可能不断发展壮大，成为一支受广大民众支持的力量。而且，如果他的竞选活动能够以一种建设性的姿态来帮助美国真正直面未来的巨大挑战的话，那则是我们这个国家目前来说最亟需的力量。

上述这些评论更多的是针对美国的国内政策，这也是桑德斯所聚焦的领域。他所提出的外交政策方面的概念和想法在我看来基本上没有脱离传统的自由派民主党人的理念，他在这些方面的所有提议都没有什么新奇之处，而且我觉得其中一些推论和假定还是很值得推敲和质疑的。

最后一个问题，有些人至今仍然坚持认为终止“反恐战争”这一想法过于天真，而且带有很强的误导性，您想对持这种意见的人说些什么呢？

很简单：你们这么认为有什么合理的理由吗？我还可以提出一个更为重要的问题：你为什么认为美国应该继续披着“反恐战争”的外衣，但实质上却在恶化全球范围内的恐怖主义形势呢？

混乱帝国[1]

25 **C. J. 波利赫罗纽：**事实已经证明，美国在21世纪推行的军事干预行动（例如，针对阿富汗、伊拉克、利比亚和叙利亚发动的战争）对于整个世界来说完全是灾难性的，但是华盛顿的战争制造者们在关于这种干预政策的争论中并没有重新找到合适的说辞。在您看来，我们该如何解释这种状况呢？

诺姆·乔姆斯基：我只能给到部分解释，比较陈旧的解释，那就是，当你手头持有的只是一把榔头的时候，你会将你目之所及的一切都视为可以锤击的钉子。美国目前的比较优势是其军事力量。一旦某种形式的干预政策未能奏效，那么美国政府对干预的理论和实践就会加以修正，修正的手段是全新的技术、装备等资源。当然，对于美国来说，也存在其他选择和解决方案，例如大力支持那些国家推行民主制度（要落到实处，而不只是修辞而已）。但是，这些选择所带来的后果很显然并不是美国乐于见到的。那也正是为什么美国在宣称其积极支持“民主制度”的时候，其真正想要推广的是一种“自上而下”的民主制度，在这种民主制度下，美国努力让那些和美国利益息息相关的传统的精英群体始终能够牢牢把控一切权力。“自上而下”这一说法来自研究“民主促进”的顶级学者托马斯·卡罗瑟斯

(Thomas Carothers)，曾经在里根政府里任职，他积极倡导美国在全球范围内推动“民主化”，但同时也因意识到了现实的幽暗而显得忧心忡忡。

有不少人辩驳说，奥巴马发动的战争无论其风格还是其实质都迥异于其前任小布什总统发动的战争。您觉得这样的说法经得起推敲吗？

布什所仰仗的是那种震慑式的军事暴力，结果证明那些暴力除了给受害者带来巨大灾难之外，还让美国尝尽了失败的苦果。奥巴马则采取了完全不同的战术，其核心是利用无人机在全球范围内进 26
行所谓定点暗杀行动，从而在国际恐怖主义活动历史上创造了新纪录；同时，他还派出大量的特种部队，如今其触角几乎遍布全球。这一领域的领先研究者尼克·特尔斯(Nick Turse)最近刚刚发表了一份研究报告，指出美国的精英部队“到2015年已经被派驻到全球147个国家，打破了有史以来的所有纪录”。[②]

在中东地区以及其他不安定地区，混乱帝国的首要目标是破坏稳定，在我看来就是“制造黑洞”。与此同时，美国很显然也置身于一片波涛汹涌的汪洋之中，十分茫然，找不到任何方向，而且事实上，对于在先期的摧毁计划完成了之后究竟还需要做些什么，也是毫无思路。这种状态，您觉得其中有多少需要归咎于美国作为全球霸权正在衰退这一事实？

我也认为你所提到的混乱和不稳定状态确实存在，但是我不认

① 最早发表在2015年11月5日的*Truthout*。

② Nick Turse, “Tomgram: Nick Turse, Success, Failure, and the ‘Finest Warriors who Ever Went into Combat,’ ” *TomDispatch*, October 25, 2015, www.tomdispatch.com/blog/176060.

为这是他们的首要目标。相反，这只不过是所表现出来的结果而已，是只会采用大铁锤作为唯一的工具来不断攻击那些自己压根就搞不明白的脆弱易碎的系统所造成的后果，就像我们在伊拉克、利比亚、阿富汗和其他地区所亲眼目睹的那样。至于你说到的美国霸权（实际上，从1945年开始，这种霸权一直在起起伏伏）的持续衰落，确实在当今的世界形势下产生了一些后果。我们可以拿爱德华·斯诺登的命运来作为例子。据报道，有4个拉丁美洲国家愿意给他提供避难场所，很显然这些国家再也不像过去那样因为畏惧美国的报复而一味地唯唯诺诺。另一方面，所有的欧洲国家中，没有一个敢于站出来直面愤怒的美国。这种情形说明美国威权在西半球的衰落已经产生了比较明显的后果。

但是，要说中东地区的混乱主要是因为美国权力的衰落，我还是持怀疑态度的。美国入侵伊拉克所造成的后果是引发了当地各宗派之间的冲突，最终把伊拉克搞得千疮百孔，发展到现在又把整个地区搞得四分五裂。欧洲开启的对利比亚的狂轰乱炸也给那里造成了巨大的灾难，并且还将这种灾祸不断扩大，大量致命武器无序流转，“圣战组织”不断制造各种恐怖活动。外国势力的暴力干预和攻击还造成了很多其他恶劣后果。当然，不能全怪外因，很多内因也在起作用。在我看来，中东地区新闻记者帕特里克·科伯恩的观点是有道理的，他根据自己的观察分析认为伊斯兰教逊尼派的“瓦哈比化”是当今时代最危险的变化趋势之一。事态发展到今天，我们所面临的这些最可怕的问题有很多看起来都几乎是无解的，比如叙利亚的悲剧，唯一一线希望是通过谈判来达成某种形式的和解，至少现在看起来卷入这一事态的各方力量还是有意愿往这个方向努力的。

27 在叙利亚所遭遇到的暴风骤雨般的毁灭性攻击中，俄罗斯也是其中一分子。您觉得它的目的和目标究竟是什么；另外，您觉得俄罗斯会对美国在这一地区的利益形成威胁吗？

俄罗斯的策略无疑是为了确保阿萨德政权能够存续下去，它确实对这个地区发动了“暴风骤雨般的毁灭性攻击”，但其主要攻击的对象是“圣战组织”领导的军事力量，他们得到了土耳其、沙特阿拉伯和卡塔尔以及一定程度上美国的大力支持。《华盛顿邮报》最近发表的一篇报道指出，正是美国中央情报局给这些恐怖组织所提供的高科技武器（包括战区反坦克导弹）打破了叙利亚战场上原先的均衡态势，使之不利于阿萨德方面，因此引发了俄罗斯直接介入。至于你提到的“美国利益”，我们在谈论时一定要保持一种谨慎的态度。美国权力阶层的利益和美国民众的利益通常很不一致，这一点在其他国家或地区也普遍存在。美国政府的利益是彻底推翻阿萨德政权，因而俄罗斯对阿萨德的支持就很自然地会对美国形成威胁。而这样的对抗和冲突对于叙利亚来说就算不是毁灭性的灾难，也会造成一定的伤害，同时始终是一种威胁，一旦因为偶发事件而使得冲突进一步升级，那就会带来无法承受、无法估量的灾难。

“伊斯兰国”是美国一手制造出来的恶魔吗？

最近享有盛名的中东问题分析家格雷厄姆·富勒（Graham Fuller）接受过一次专访，文章的标题是《中央情报局前官员指认是美国推行的政策帮助制造了“伊斯兰国”》。在我看来，富勒表达的意思中有一点是正确的，就是

> 我认为美国是这个组织的核心制造者之一。“伊斯兰国”的成立并不是美国策划的，但是美国在中东地区推行的以毁灭性打击为主要目的的干预政策以及对伊拉克发动的战争是催生

“伊斯兰国”的根本原因。你也许还记得，当年这一组织萌生的初衷就是反抗美国对伊拉克的入侵。那个时候，这个组织就是因为反抗对伊拉克的入侵而得到了很多非伊斯兰逊尼派成员的大力支持。在我看来，即便到了今天，“伊斯兰国”还是得到了逊尼派教徒的支持的，因为这些逊尼派被巴格达的什叶派政府置于孤立之境。

美国入侵伊拉克所带来的后果之一是建立了一个以什叶派为主导力量的新政府，这实际上是伊朗所取得的一场胜利，也是美国在伊拉克一败涂地的一个原因。因此，如果让我回答你的这个问题，我认为，美国的侵略确实是“伊斯兰国”崛起背后的原因之一，但是我认为在该地区广泛流传的阴谋论是没有道理的，它认为“伊斯兰国”这个十足的恶魔完全是美国一手策划出来的。

28 像“伊斯兰国”这样一个彻头彻尾的残暴冷酷的野蛮组织竟然能够对很多生活在欧洲的年轻穆斯林产生那么大的诱惑，您如何解释这种状况呢？

关于这一现象，斯科特·阿特兰以及其他人都曾经进行过深入细致的研究和分析。这一组织主要吸引的是那些生活中受到压制和羞辱的年轻群体，他们在日常生活中看不到希望，也看不到任何机会，但是他们内心深处仍然没有放弃尊严和自我实现的人生理想；这种情况下，在反抗几个世纪以来西方帝国主义列强压迫的斗争过程中，这些年轻人就萌生了建立一个伊斯兰国家这样乌托邦式的幻想。除此之外，我感觉这里还隐约存在着一种强烈的同伴压力，他们就像那些隶属于同一个足球俱乐部的成员一样，不愿意被孤立、被排斥。当然，还可能存在其他一些原因。这一地区各个宗派尖锐对立的特征毫无疑问也是一个很重要的原因——这不仅是为了“捍卫伊斯兰教”，而且也是为了抵御什叶派叛教者对伊斯兰教的冲击。这种情境确实极为丑陋，也极其危险。

美国需要对其与包括埃及和沙特阿拉伯等国家在内的威权政体和激进主义政权之间的关系进行重新审视，但是在这一方面，奥巴马政府显然表现出一种漠然的态度。在世界各地推进民主制度这一点真的只是美国外交政策中一个遮羞布式的组成部分吗？

毫无疑问，美国政府内部也确实有不少人，比如说我上文提到的托马斯·卡罗瑟斯，一生都致力于传播和推进民主制度；他曾经是里根政府时期国务院的“民主促进”政策的积极参与者。但是，以往的历史记录表明，这基本上不能被视为美国政策中的主要组成部分，而且很多情况下民主制度反而被视为一种给美国带来威胁的力量。如果我们能够充分考虑民众舆论，会发现这种看法是很有道理的。在这里我们举一个大家都很了解的例子。美国领先的民调机构（WIN/盖洛普）对国际舆论进行的调研结果表明，美国被普遍认为是世界和平的最大威胁力量，而且其得分遥遥领先于排名第二的巴基斯坦（它排在第二位的原因，我的推断是，印度人在这次民调中占比过高）。“阿拉伯之春”爆发的前夕，在埃及进行的民调结果也表明，当地有大量民众支持伊朗拥有核武器，以便抗衡以色列和美国的势力。对于那些最终可能会对总部设在美国的跨国企业的利益造成危害的社会改革方案，公众舆论通常都会持支持态度。而美国政府则不愿意看到这样的改革政策最终得以实施。但是，如果是真正意义上的民主制度，那么按道理应该会更倾向于听从民众的心声，更关注他们的真实需求。同理，即便是在美国本土，真正意义上的民主制度也总是让政府坐立不安。

29 不管在台上的是民主党还是共和党，您会期望美国未来的外交政策发生任何根本性的改变吗？

如果是民主党继续执政，我觉得是不可能发生什么改变的，而如果是换了共和党上台，情况会如何就很难说了。共和党这个党派早就已经发生了很大的漂移，远离了议会政治的光谱。如果最近这一轮纷纷上台宣布参选的候选人都是抱着认真态度的话，那么我觉得这个世界接下来真的很可能会面临更多的麻烦和更大的灾难。举例说，和伊朗之间关于核武器所签订的协议，其最终走向如何，谁也讲不清楚。这些共和党的总统候选人不仅仅是异口同声地对此进行口诛笔伐，而且他们很显然在争相抛出轰炸伊朗的计划，唯恐速度不够快。在美国政治历史上，当下时刻非常奇特，现状令人非常忧虑，因为太多的毁灭性力量正在交汇。

争夺控制权的全球性斗争：“伊斯兰国”、北约和俄罗斯[①]

C. J. 波利赫罗纽：“伊斯兰国”的兴起是美国入侵和占领伊拉克所造成的直接后果，时至今日，该组织已经发展成我们记忆中最残忍也最具有威胁力的恐怖势力代表。而且，现在看起来，它的罪恶触角正在不断延展，不仅仅跨越了美国在叙利亚、利比亚、伊拉克和阿富汗等地区所制造的“黑洞”，甚至开始在欧洲腹地扎下了根。最近，德国总理安格拉·默克尔（Angela Merkel）也不再像过去那样一味地掩饰这一事实，终于开始直面这一严峻的问题了。事实上，根据有些人的粗略估算，从2016年6月至今，在前面列举到的国家之外的很多城市，每隔48小时就会发生一次由“伊斯兰国”精心组织或者受到其鼓动而发动的恐怖攻击。请问，像德国和法国这样的国家为什么就变成了“伊斯兰国”恐怖活动的主要攻击对象了呢？ 31

诺姆·乔姆斯基：世界上每一次发生恐怖活动，“伊斯兰国”都会跳将出来，宣称自己对此负责，对于这种做法我一向认为我们需要谨慎对待。就以最近在尼斯发生的可怕的恐怖袭击为例。在很多研究伊斯兰激进组织的专家中，研究态度最为严谨同时又极具洞察力的是阿克巴尔·艾哈迈德（Akbar Ahmed），他对这次恐怖袭击进行过深入的了解。根据手头所掌握的证据，他得出的结论是：一手制造了尼斯惨案的穆罕默德·拉胡瓦杰·布莱勒（Mohamed Lahouaiej Bouhlel）很可能“并不是一个虔诚的穆斯林。他曾经有过犯罪记录，经常酗酒，完全不忌讳吃猪肉，吸过毒，从不谨守伊斯兰教的斋戒习俗，不每日祈祷，也不定期去清真寺，他几乎一点都不像是一个虔诚的教徒。他对自己的妻子很残忍，后者已经离他而去了。这样一个人，对于很多穆斯林尤其是那些自认为很虔诚的穆斯林来说，根本不可能是一个典型意义上的穆斯林”。尼斯惨案发生后没多久，“伊斯兰国”又主动站出来，承认（时间上比以往略晚）这次袭击“是他们
32 的功劳”，这是他们惯常的做法，不管事实上是不是他们干的。但是，“伊斯兰国”这一次的事后认责在艾哈迈德看来存在着很多疑点。针对这一次以及其他一些相类似的袭击事件，艾哈迈德总结道：

> 事实的真相是“伊斯兰国”确实可能对这些穆斯林产生了某些影响，但这些人内心深处压抑不住的仇恨情绪本质上根源于他们虽然身处欧洲但感觉自己是不被人待见的移民，这一点在法国表现得尤其明显。在那里，即便他们是土生土长的，也仍然感觉不到自己能够被他人视为真正的法国人。他们所寄身的社区充斥着大量找不到工作的年轻人，比例与其占总体人口的比例完全不匹配。这些人没有受过更好的教育，寄居于破屋残瓦下，时刻会成为被人在文化上轻视和羞辱的对象。他们所在的社区完全没有实现一体化的目标，其中连受人尊重的特殊群体也完全被排除在外。正是从这样的社区中走出了布莱勒这样的年轻人。这些人都曾经犯过小偷小摸一类无足轻重的罪行。最近在欧洲，包括在巴黎和布鲁塞尔等地发生过的恐怖袭击，其

① 最早发表在2016年8月17日的*Truthout*。

主导者和实施者也都是这类人。

艾哈迈德的分析和其他长期研究“伊斯兰国”如何招募人手的专家们得出的结论是非常一致的，这些专家中比较为人所熟知的包括斯科特·阿特兰和他领导下的研究团队。在我看来，我们大家都应该认真地看待他的这些结论，包括他给出的关于如何切实有效地解决这些困境的建议。这些建议与其他一些经验丰富的分析师们的想法不谋而合，那就是“给穆斯林社区提供大量的教育和工作机会，大力推动一些针对年轻人的计划，并且积极举办真正的融合接纳活动，致力于文化多样性建设，努力促进相互理解。政府在为社区提供语言、文化和宗教培训等方面确实应该多投入，这样才能真正有助于问题的解决，比如说，境外的伊玛目在本地社区试图扮演好一个社区领导者的角色时总是会碰到很多障碍这个问题，非常不利于这一特殊社区的良性发展，应该得到有效解决”。

在我们所面临的很多问题当中，阿特兰只是简单地举了一个真实的例子来阐明观点。他指出：“法国人口中穆斯林群体所占的比例只不过是7到8个百分点，但是法国监狱里的犯人中穆斯林的比例却高达60到70个百分点。”最近，美国国家科学研究委员会刚刚发布的一份报告也很值得我们大家关注，该报告发现“在考虑政治语境的前提之下，我们似乎看到了这样一个现象，那就是，恐怖主义和那些对他们持支持态度的人群更多地是从极端的政治压制的土壤中获得了滋养成分，政府所推行的一些政策加深了他们的失望情绪，因为这些政策并没有把那些仇恨社会的群体和那些愿意为文明社会和整个政治进程良序发展承担应尽责任的温和派群体有效地区分开来”。

“让我们以牙还牙，以暴易暴”——动用大量警力来加以镇压，或者就像特德·克鲁兹（Ted Cruz）宣称的用地毯式轰炸的方法把他们彻底消灭干净——这一切说起来容易，做起来难。这样一来反倒落入了“基地”组织和“伊斯兰国”的圈套，这恰恰是他们最想要看到的结果，而且也很可能进一步激化了当前我们面临的各种问题。这就是到目前为止我们所面临的状况。

“伊斯兰国”将普通平民视为恐怖袭击的靶子，例如，在法国尼斯这样一个风景如画的旅游胜地发动恐怖袭击，夺走了84个无辜平民的生命，他们这么做究竟想要达到什么目的？

33 就像我曾经提到过的那样，我们真的应该对“伊斯兰国”的各种宣称和指责保持一种谨慎的态度。当然，当我们确实找到了足够的证据，表明他们确实卷入了暴行的时候，我们该采取什么策略是很清晰的。那些研究“伊斯兰国”和世界上各种以暴力为主要手段的反叛力量的谨慎而又专业的分析师们（比如说斯科特·阿特兰、威廉·波尔克以及包括其他专家）基本上对“伊斯兰国”的宣称信以为真。有些时候他们还会直接引用所谓“作战手册”，手册充分展示了“伊斯兰国”所确立的核心策略，那是与“基地”组织有联盟关系的以美索不达米亚平原为基地的一支武装力量在十多年前所撰写的，该武装力量通过不断演变，最终发展成了现在的“伊斯兰国”。下文引用的是该手册中头两条原则（引用阿特兰的一篇文章中的原话）：

> 原则一：攻击软目标：“在伊斯兰世界的每个角落，如果可能的话，还要扩大到伊斯兰世界之外，尽可能分散作战，扩大针对‘十字军战士’和犹太复国主义者这些我们的死敌所发动的攻击，尽可能地瓦解敌人的联盟力量，最大可能地消耗他们的力量。”
>
> 原则二：攻击旅游胜地，这样能最大程度地激发普通民众

心中的恐惧，进而彻底消耗敌人的经济实力："如果能够针对某个'十字军战士'所光顾的旅游胜地实施打击，那么为了保护世界上所有国家的所有旅游胜地，我们的敌人就可能需要付出额外的代价和努力，这样也就加剧了他们的日常工作负担，大大增加他们的安全成本。"

"伊斯兰国"的策略还是十分奏效的，一方面在世界各地成功地散布了恐怖的阴影，一方面以少胜多地打击了"十字军战士"，使其付出了惨重的代价。

据报道，从世界各地来到法国的旅游者们接下来但凡前往那些假日旅游胜地，包括各大海滩，都将能得到全副武装的保安人员甚至是军人的保护。在过去短短的几年间，从世界各地遭受战争困扰的地区逃离出来的上百万难民前赴后继地涌入欧洲，这在多大程度上导致了法国用武装力量来保护每个旅游胜地这种局面？

这一点我无法给出明确的判断。至少从我看到的来说，法国境内发生的这一系列恐怖罪行显然还不能追溯到最近这批难民那里。相反，这一系列事件与我们所提到的布莱勒发动的恐怖袭击在性质上更为接近。但不可否认的是，对难民的恐惧确实是普遍存在的，其程度远远地超过了这一人群和各种犯罪行为的关联程度。美国发生的一切与欧洲也并无二致。在那里，根据米歇尔·李叶赫（Michelle Ye Hee Lee）发表在《华盛顿邮报》上的文章，目前我们能够搜集到的统计上站得住脚的证据表明"和本土出生的美国人相比，第一代移民的犯罪率更低"，尽管如此，墨西哥正在向美国源源不断地输送罪犯和强奸犯之类的特朗普式言论，无疑还是激发了美国民众内心深处的恐惧和不安。

34 您认为英国国内民众的排外情绪和欧洲涌入了大量难民在多大程度上导致了英国脱欧？

近期大量的新闻报道确实给大家留下了类似印象，但我个人并没有找到足够有力的数据和证据可以证明这一点。有一点值得我们大家回想一下，那就是，现在涌入英国的移民大多数是来自欧盟国家，而不是那些冲突地区。还有一点同样值得我们大家注意，在产生大量难民的历史进程中，英国所扮演的绝不是可以轻描淡写的角色。比如，入侵伊拉克。如果我们上溯历史，英国的前科更多。美国和英国在历史中所犯下的罪行，其负担主要转移到了那些完全不应该承担这些责任的国家身上，比如说黎巴嫩，据粗略估计，该国人口中有40%最终都不得不成为背井离乡的难民。

在您看来，美国和西方一些发达国家是在积极地参与打击“伊斯兰国”的斗争吗？考虑到“伊斯兰国”丝毫未得到压制甚至日渐增强的发展和影响力，以及该组织从欧洲本土吸引为其使命前赴后继地牺牲自己的战士的能力，我们这样的外部观察者不得不开始怀疑美国和西方国家的意愿。

关于这一点，确实存在着各种各样的揣测，尤其是在中东地区，这种怀疑确实甚嚣尘上，不过在我看来，这样的说法并没有任何可信度。美国确实是强大的，但也不是无所不能的。现在存在着一种倾向，将世界上发生的每一件事都归因于美国中央情报局的暗中推动，或者是西方世界的恶意谋划。在这里，我觉得有必要认真严肃地指出，真正应该受到谴责的因素其实有很多。美国确实很强大，但是绝没有强大到大家所想象的程度。

土耳其的区域政治角色似乎正呈现出地缘政治上的变化，这种变化也许就是2016年7月发生的最终流产了的政变背后的真正根源。您是否也感觉到了这种变化?

从土耳其前总理达武特奥卢(Davutoglu)推动所谓的“零问题政策”开始,该地区的政策确实已经发生了很大的变化,但是“零问题”的背后是问题太多了。土耳其的目标是致力于成为该地区的大国强国,有时候被描述为新奥斯曼帝国,该目标就算没有进入加速推进的通道,也在继续推进的过程中。随着埃尔多安政府持续不断地通过推行激进的压迫手段向着巩固和加强其专制统治的方向行进,土耳其和西方世界之间的关系正在变得愈发紧张起来。这样一来,很自然地,土耳其就会迫于各种压力寻求和其他力量尤其是俄罗斯之间的联盟。埃尔多安在肃清了国内政变之后第一个出访的地方就是莫斯科,其目的当然是希望能够重建“莫斯科和安卡拉之间的友谊轴心”(他的原话),彻底回到2015年11月以前的状态,当时土耳 35
其指控俄罗斯战斗机在执行轰炸叙利亚的使命过程中擅自侵入其领空,因此下命令将俄飞机击落了。很不幸的是,埃尔多安针对盘踞在土耳其东南部的库尔德人发动了惨绝人寰的武力攻击,并且肆无忌惮地不断升级,以至于有观察家认为当今的这种暴行已经接近20世纪90年代的恐怖行径了。但是,西方世界却没有哪个国家跳起来反对埃尔多安的所作所为。至于说到那场流产了的政变,至今为止,其背景也始终让人感到扑朔迷离。我个人并不掌握任何证据,足以证明是该地区的政策变化导致了政变。

旨在推翻埃尔多安政权的那场政变的最终结果反倒是促进了土耳其这样一个高度专制的政权对各种力量的整合和强化:埃尔多安利用那场政变逮捕了成千上万人,并在政变被镇压之后趁机关闭了大量的媒体、中小学校和高等院校。事实上,政变反倒给了埃尔多安一个契机来强化军队对政治事务的影响力，帮他把土耳其的军队逐渐变成完全由总统一个人直接掌控。那么，考虑到美国和欧洲列强对于土耳其的人权和民主状况的所谓关注，以及对埃尔多安积极寻求和普京之间建立更紧密关系的所谓关注，您认为土耳其与美国和欧洲列强之间的关系会受到什么样的影响？

“所谓”这个词你用对了。在20世纪90年代，土耳其政府在打击其境内库尔德人的过程中，犯下了骇人听闻的暴行，数以万计的库尔德人被杀害，数以千计的村庄和城镇被摧毁，无数（总数可能高达上百万）普通人不得不背井离乡，忍受各种各样难以想象的折磨和酷刑。政府军手中用来屠杀平民的武器，80%来自华盛顿，随着罪恶行为的不断升级，武器也源源不断地交付到土耳其政府军手中。1997年那年，土耳其政府军的暴行达到了顶峰，克林顿政府输送给他们的武器数量远远超出了从“二战”后到土耳其政府推动所谓反暴乱运动这段时间美国给土耳其输送的武器总量。而我们的媒体呢，对此从头至尾采取的态度是彻底无视。《纽约时报》设在安卡拉的分支机构从来没有报道过此事。事实上，但凡有人愿意花点时间去了解一下，那么就会发现，不管是在土耳其还是在其他地方，事实真相就明晃晃地摆在眼前。如今，暴行再一次登峰造极，可是就像我前面提到的那样，西方世界还是顾左右而言他。

不过，埃尔多安政府和西方世界之间的关系确实已经变得越来
越紧张了。由于西方世界对这次政变普遍所持的态度（发出了一些
批评声，但是非常温和，对土耳其政府根本构不成任何压力）、对土耳
其政府不断加强的专制统治倾向和极端严重的镇压所持的态度（温
36 和的批评，但对当权政府来说已经太多），在埃尔多安的支持者中已
经出现了对西方势力强烈的愤怒情绪。事实上，很多土耳其人都认
为是美国势力发动了那起政变。

因为美国在土耳其政府提出引渡埃尔多安所指责的政变领导人居伦（Gulen）的请求时要求对方提供证据，也遭到了很多人谴责。大家也许还记得，当年美国也曾经因为塔利班拒绝在没有获得足够证据的前提下交出奥萨马·本·拉登而对阿富汗进行了狂轰乱炸。我们还可以举一下伊曼纽尔·“图图”·康斯坦（Emmanuel “Toto” Constant）的例子。他曾经是恐怖组织“海地进步与发展阵线”（FRAPH）的领导人，该组织在20世纪90年代早期还处在军政府独裁统治之下的海地恣意妄为。当该组织因为美国海军陆战队的干预而被彻底消灭之后，康斯坦逃到了纽约，在那儿过上了安逸宁静的生活。海地要求美国将他引渡回国，也为此提供了足够有力的证据，但是克林顿政府断然拒绝了海地的这一请求，背后的原因很可能是，一旦他被引渡回国，克林顿和这个以谋杀为主要手段的军事组织之间的勾连就会被暴露。

土耳其和欧盟之间最近刚刚签订的关于移民方面的协议似乎要作废了，埃尔多安甚至还公然指责说“欧洲的领导人诚信有问题”。如果这个协议最后真的被彻底废弃，那么会对土耳其和欧盟之间的关系，包括那些难民，产生什么样的影响呢？

从根本上来说，欧洲一直以来就在采用贿赂的方式让土耳其能够将那些境遇悲惨的难民留在自己境内，而不要进入欧洲。把这些人变成难民的是西方要负很大责任的各种罪行。这很像奥巴马，一直以来仰仗墨西哥政府的帮助，把来自中美洲的难民挡在美国境外，而那些难民通常都是美国政府包括奥巴马政府所推行的政策的牺牲品。从道德角度来看，这样的做法实在是令人心寒齿冷，但是也不得不承认，这还是比让他们在地中海淹死要好。土欧之间关系的恶化很可能让这些难民的逃生之路变得更艰险、更暗无天日。

迄今为止，北约（NATO）很显然仍是一个由美国掌控的军事合作组织，该组织最近加强了其对东欧地区的扩展和影响力，其目的显然是希望能够通过在欧洲和俄罗斯之间制造各种分裂和障碍从而阻止俄罗斯势力的复苏。您认为，美国确实想挑起和俄罗斯之间的武力冲突吗？还是说，这样的动作背后的驱动力是美国在后冷战时代确实需要维持一个完整的军事工业联合体？

37 NATO毋庸置疑是美国一手掌控的军事联盟。随着苏联的解体，俄罗斯的米哈伊尔·戈尔巴乔夫（Mikhail Gorbachev）曾经提议过重新建立一个覆盖整个欧洲大陆的安全系统，但是这一提议被美国否决了，后者坚持要保留NATO——并加以扩张。戈尔巴乔夫允许统一后的德国加入NATO，从整个历史来看这是一个巨大的让步。但是，戈氏的提议并不是完全单向的，其要求是NATO绝对不能再“向东部挺进一寸”，这里的东部也就是当时的东德。这一要求得到了当时担任美国总统的老布什和担任美国国务卿的詹姆斯·贝克（James Baker）的口头承诺，没有落到纸面上。这的确只是一个口头承诺，而美国政府后来也因此宣称说，口头承诺就意味着没有任何约束作用。

去年春天，乔舒亚·R. 伊茨科维茨·希夫林森（Joshua R. Itzkowitz Shifrinson）在哈佛麻省联合出版的权威期刊《国际安全》上发表了一篇基于对历史档案资料进行详尽严密的调查后撰写的研究报告，非常有说服力地揭示出这一历史事件完全是一种有意为之的欺诈。这样的发现，在我看来，在很大程度上有力地廓清了当下学术界对这一历史进程的争论和异议。NATO最终还是扩张到了东德；多年之后，又进一步扩张到了俄罗斯边境。这些计划事实上曾经遭遇到了乔治·凯南（George Kennan）和其他一些受人尊重的政治评论家们的一致鞭挞，在他们看来，这样的做法很可能又会将整个世界引向一场新的冷战，因为面对这样的情势，俄罗斯会很自然地觉得自己受到了威胁。当2008年和2013年NATO先后两次邀请乌克兰加入该组织的时候，这样的威胁显得尤为严重。正如西方分析师们所意识到的那样，这一邀请事实上等于将这种威胁延展到了俄罗斯的战略关切的核心。这必然会引发各种讨论，比如，约翰·米尔斯海默（John Mearsheimer）就曾经在老牌政治期刊《外交事务》上专门撰写了一篇重头文章。

但是，我觉得，美国的真正目的其实并不是要阻止俄罗斯的复兴或者说是要让这一军事工业联合体保持完整。美国确实不希望发生军事对抗，这种做法只会导致两败俱伤（甚至伤害到整个世界）。相反，我倒是认为这不过是一个超级大国希望能在全球范围内不断扩大影响力的正常努力。但是，正如凯南和其他分析师们具有洞见性地警告过的那样，这种做法确实会增加爆发战争的可能性，因为无法排除擦枪走火的可能性。

在您看来，就当今局势而言，美国和俄罗斯之间存在着爆发核战争的可能吗？

可能性很大，而且事实上，我觉得这种可能性正在上升。这不
只是我个人的判断。这同样是其他一些人的判断，这些人包括：设
定《原子科学家公报》“世界末日之钟”的专家们；该领域最富经验
也最受众人尊敬的专家之一、美国前国防部长威廉·佩里（William
Perry）；还有各方面的专家，其中多数都不能被算是危言耸听的阴谋
论者。最近发生的一些意外事件，稍不留心就可能造成毁灭性的影 38
响，至今回想起来仍然令人不寒而栗，而极为危险的冒险主义想法
和做法就更加可怕了。我们人类在这样一个核武器时代还能继续
生存下去，几乎已经是一个奇迹了，所以玩火是极不负责任的。事

实上，正如历史上许多最为保守的分析师，包括亨利·基辛格（Henry Kissinger）、乔治·舒尔茨（George Shultz）还有其他一些人所指出的那样，人类应该把核武器彻底销毁，使我们的地球免受威胁。

欧洲一体化进程是否正在解体[①]

C. J. 波利赫罗纽：诺姆，首先要谢谢您愿意接受我的访谈。这 39
一次的话题主要是围绕着欧洲最近的发展趋势的。我想先问您一个问题：欧洲在当下这个特殊时期发生了难民危机，您认为其背后的根源是什么？

诺姆·乔姆斯基：这一危机事实上已经酝酿发展了很长一段时间。只不过到现在才突破中东和非洲的地域界限，开始全面席卷欧洲。西方世界针对这一区域发动的两次大规模攻击产生了严重的后果。第一次攻击是美英入侵伊拉克，给伊拉克带来了致命打击。二十年前，伊拉克就遭到过一次大规模的军事袭击，其后又因为美英近乎种族灭绝式的制裁措施而雪上加霜。美英占领伊拉克之后进行大规模的屠戮和破坏，其残酷之处不止于此，还引发了伊拉克国内各宗派之间你死我活的冲突和争斗，把整个国家和周边地区搞得四分五裂。美英对伊拉克的入侵使得上百万无辜平民流离失所，其中很多人被迫背井离乡，逃往相邻国家，是这些国家在承担我们犯下的滔天罪行所造成的后果。

美英的入侵还产生了“伊斯兰国”/达伊沙组织这个副产品，其所发动的令人发指的暴行给叙利亚带来了巨大的灾难和惨剧。这一次，还是邻近的国家在接纳潮水般的难民。光是土耳其一个国家所接纳的叙利亚难民就超过200万。不可否认的是，土耳其自己对叙利亚问题所推行的政策也是造成难民不断增加的原因之一：土耳其积极支持激进的“努斯拉阵线”组织以及其他伊斯兰教激进团体，对库尔德人采取灭绝措施，而后者恰恰是与“伊斯兰国”进行殊死搏斗
40 的主要地面武装力量。“伊斯兰国”很显然受益于土耳其所推行的这种政策，获得了对方心照不宣的支持。但是，最终的结果却是，难民潮的洪水泛滥四溢，冲破了原来的地域范围。

西方世界的第二次大规模攻击摧毁了利比亚，使得这个国家到今天变成了各方势力你争我夺的战争炼狱、“伊斯兰国”的坚固基地、“圣战组织”势力发展壮大的源源不断的资源宝库，也是大量武器从西非进入中东地区的最佳转运通道，同时也是大量非洲难民逃往欧洲的中转站。说到这里不由得会让我们更深入地思考那些横跨更长历史时期的驱动因素。几个世纪以来，欧洲从未停止过对非洲大陆的恶意摧残——或者我们换一种相对平和一些的说法——为了欧洲自身的发展从未停止过对非洲大陆的开发和利用，这是“二战”之后美国的高级别规划者乔治·凯南的提议和说法。

历史总是出乎意料，远比我们的想象更加光怪陆离、荒诞不经。就举一个简单的例子好了，比如今天也深受难民问题困扰而不得安宁的比利时。该国以暴力的手段从刚果“攫取”到的财富可不是我们能够估摸得出的小数字，而且它当年使用的手段之凶残远远超过其欧洲伙伴。直至1960年刚果才正式宣告独立，彻底摆脱了殖民地的可悲地位。脱离比利时的铁拳之后，刚果本可以发展成为一个富裕、先进的国家，成为推动整个非洲发展的动力之一。在非洲现

① 最早发表在2016年1月25日的*Truthout*。

代史上让大家最能感受到未来希望的领导人之一帕特里斯·卢蒙巴(Patrice Lumumba)的领导下,整个世界都看到了这个国家乃至非洲大陆的美好前景。但是,他很快就被美国中央情报局列为暗杀的目标,而比利时人这一次抢在了美国人前头。他的尸体被切成了碎片,还被浸泡进了硫酸溶液中。美国及其同盟大力支持的是那个以谋杀为乐的盗窃癖患者蒙博托。时至今日,东刚果在受美国待见的卢旺达的大力协助下,彻底变成了世界上最令人恐惧的人间炼狱,各式各样的军事力量在那里轮番厮杀,一切都是为了填饱西方跨国企业贪得无厌的胃口,从那里源源不断地获取制造手机和其他高科技产品所需要的矿产资源。这基本上可以概括非洲大陆的状况,其中充斥着无以计数的罪恶行径。而对于欧洲来说——“出来混总是要还的”——正是自己曾经做过的一切最终导致了当下令其寝食难安的难民危机。

一波又一波的难民潮(不可否认的是这么多的难民中还是有很多并不是来自被战争摧毁了的地区的难民,而仅仅是正常意义上的移民)正在深入欧洲中心地带并造成猛烈冲击,这是某种“自然灾难”还是纯粹的政治恶果?

这一现象中确实存在着你所提到的自然灾难的因素。叙利亚所面临的经年不止的大干旱最终摧毁了整个社会的稳定,这很有可能是因为全球气候变暖,也不能算是完全意义上的自然因素。达尔富尔危机在一定程度上归因于不断加剧的沙漠化趋势,这一趋势最终迫使那些游牧民族不得不改变原始的生活方式,开始迁移到他人的寄居点。当下我们所看到的中非地区的饥荒在一定程度上也归咎于整个人类世时代对环境的持续破坏。所谓人类世是一个新的地质时代,在这个时代,人类的各种活动,主要是工业化,正在不断摧毁人类美好生活的前景，除非我们开始采取一些有效的遏制措施，否则长此以往人类必将堕入永劫不复的深渊。

由于欧盟成员国都只同意接受一小部分难民，没有哪一个国家愿意承担起应尽的责任，接纳超出其份额的难民，这致使欧盟管理层在处理难民危机时面临着巨大的挑战和困难。基于这种情形，您如何评价欧盟的治理和欧洲不同社会的价值观？

在有些方面，欧盟的治理还是很高效的，比如针对穷国推行严苛的紧缩经济政策，这些政策让穷国受损、让北方各国银行受益。但是，在有些方面，欧盟的治理却是十分失败的，比如解决人为灾难方面，这种灾难在很大程度上可以归咎于西方的犯罪行为。最终的负担完全落在了少数几个国家身上，比如瑞典和德国，只有它们至少目前看来还愿意承担更多一些责任，而不只是显示一下姿态而已。很多其他国家则干脆彻底关闭边境线。欧洲也一直致力于采取各种手段诱导土耳其作为缓冲和防护，不让难民进入欧洲境内。欧盟的这种做法和美国当年如出一辙，虽然在中美洲犯下滔天罪行、导致大量难民不得不背井离乡的国家是美国，但是美国却给墨西哥施加压力，迫使后者把难民挡在美国的国境线外。美国人甚至还厚颜无耻地将这种做法描述为人道主义政策，旨在减少“非法移民”。

那么，所有这一切折射出哪些主流价值观呢？事实上，我们很难使用“价值观”这个词，更不用说对此进行任何评论了。特别是在美国，你很难发表评论。虽然美国几乎可以说是世界上最安全的国家，但是如今也充斥着各种激烈的讨论，比如是否应该允许叙利亚人进入美国国境，讨论的焦点在于你无法辨别进入美国国境的叙利亚难民究竟是真正意义上的医生还是披着医生外衣的恐怖分子；在另一方面，存在着更极端的情况，很不幸的是，这种极端已经成了美国的主流，他们一面讨论是否应该允许穆斯林进入美国，一面主张在南面边境上竖起一堵高墙，用来保护美国民众不受拉美移民潮的冲击。

也有人辩驳说对于许多欧洲国家，要容纳这么多的移民和难民，从根本上来说是完全不可能的。您如何看待这一观点？

德国在处理难民危机上应该说是所有欧盟国家中贡献最大的一
个国家，作为一个人口总数将近8 000万的富裕国家，德国至今为止
总共吸纳了将近100万难民。我们可以将这个数字和黎巴嫩这样一
个国内面临重重挑战的国家做一下对比。后者的总人口中除了那些
从巴勒斯坦被驱逐出境的人的后代之外，现在将近25%是叙利亚人。
德国有一点不同于黎巴嫩，由于受到世界范围内女性教育程度的不 42
断上升而造成的生育率普遍下降的趋势影响，德国确实急需大量的
移民以填补其劳动力空缺。根据人权观察组织的负责人肯尼思·罗
思（Kenneth Roth）的观察，“在有蓄水能力的水池面前，这一波‘人
潮’不过是一小串浪花而已。考虑到欧盟整体的富裕程度和发达的
经济现状，说欧洲缺乏足够的能力和手段来吸收这些新进者的辩驳
是很难令人信服的”，尤其是对于那些急需移民来确保其国内经济健
康发展的国家来说更是如此。对于罗思的这一结论，我举双手表示
认同。

难民们千方百计地试图从自己的故乡经过长途跋涉逃到欧洲，而他们中的很多人最终并不能如愿以偿，而是死在路上，希腊和意大利的海滩时常可见他们的遗体。事实上，根据联合国难民署，即联合国难民事务高级专员公署（UNHCR）的统计，光是2015年夏天就有超过2 500个难民试图渡过地中海到欧洲，土耳其的西南海岸已经成了数以千计的难民们的出发地，他们在土耳其境内移民蛇头的蛊

惑下纷纷爬上破败不堪的小船。那么，欧洲为何不对雷杰普·塔伊普·埃尔多安总统所领导的土耳其施加更大的压力，使其采取措施解决目前的困境呢？

众所周知，欧洲的努力主要是迫使土耳其采取措施，确保土耳其把问题留在其境内而不蔓延到欧洲。这就像美国和墨西哥之间的交易一样。只要我们自己免受影响，难民的命运就是次要的考虑了。

就在最近，世界各地几百个学术界精英分子联合起来签署了一份公开请愿书，抗议土耳其针对库尔德人所犯下的罪行，而您也在请愿书上签了字，公开谴责埃尔多安对恐怖主义采取双重标准，因此埃尔多安特意点了您的名，指控您才是事实上的恐怖分子。考虑到您因此而卷入了这样一场国际争端，您能在这里对这一事件解释一下吗？

在我看来，这件事清清楚楚，并不费解。一批来自土耳其学术圈的知名人士因为反对土耳其政府残酷地镇压库尔德人而联合发布了一份请愿书。我作为几个受到邀请的外国人士也在这份请愿书上签了名。在恐怖分子对伊斯坦布尔发动一场大屠杀性质的恐怖袭击之后不久，埃尔多安发表了激烈的指控言论，严厉谴责在请愿书上签
43 过字的人。他还仿效了小布什总统式的对抗说法：你要么和我们站在一起，要么就是在支持恐怖分子。由于他在一连串猛烈抨击中都特别指名道姓地提到了我，土耳其的媒体和我在那里的朋友们纷纷希望我能够对此有所回应。我也确实对此给出了一段非常简要的回应："土耳其公开指控'伊斯兰国'的暴行，而实际上埃尔多安一直在以各种方式为该恐怖组织提供帮助，同时，土耳其还支持'努斯拉阵线'，后者在我看来和'伊斯兰国'并没有什么本质上的差别。随后埃尔多安针对那些谴责他对库尔德人所犯下的罪行的人发动了舆

论攻击，事实上，他竭力想要消灭的库尔德人恰恰是在叙利亚和伊拉克境内积极反抗‘伊斯兰国’恐怖组织的主要地面武装力量。既然如此，难道还需要我多说什么吗？”

那些签署了上述声明的土耳其学人中有一些被拘押，失去了人身自由，还有一些则不得不面对无休止的威胁，甚至还有不少人被毒打，受到人身攻击。与此同时，土耳其国内的专政措施变本加厉。20世纪90年代那些黑暗的日子显然不可能彻底被人们遗忘。和过去一样，土耳其的学人和其他人一道，在这一过程中表现出了令人惊叹的巨大勇气和正直态度，以大无畏的精神奋力抗击国家罪行，这种姿态在世界上任何其他地方都是罕见的。为了所坚守的理想和立场，他们甘冒极大的风险，有时候还不得不忍受残酷的身心伤害。虽然国际社会对他们的支持仍显不足，但是值得庆幸的是，这种支持正与日俱增。

在我们的一次通信中，您称埃尔多安是“有自己梦想的专制者”。您这么说到底是想要表达什么意思？

多年以来，埃尔多安不断采取各种手段来整合、巩固自己手中可以把控的权力。虽然土耳其曾经朝着民主制度和自由社会这一可喜的方向迈进过，但是如今埃尔多安却在开倒车。各种迹象表明，他致力于成为一个极端的威权主义专制者，全面推行严苛的专制统治。

现在看来，希腊危机并没有任何一丝消退的迹象，这个国家的国际债权人也无休止地要求他们推行新的改革措施，而事实上，这样的措施对于欧洲其他地方任何一个民主政府来说，都是不可能推行得下去的。在一些特殊情况下，债权人在不断要求希腊推行更多改革政策时并没有提供具体的执行措施，这就给大家留下这样一个印象：现在所发生的一切不过是债权国在希腊人民身上满足他们作为施虐狂的快感而已。对此，您有什么看法？

根据债权人利益来要求希腊采取各种紧缩的做法已经彻底摧毁了这个国家。虽然这些债权人声称其目标是要减轻压在希腊头上的债务负担，但事实上自从推行了其所制定的措施，希腊的债务负担不仅没有减轻反而变得愈发沉重。随着整个国家的经济实力不断被削弱，国内生产总值很自然地下降，这样一来，即便希腊政府尽最大
44 努力来削减政府开支，其债务和国内生产总值之间的比率还是会不断提高。从理论上来说，希腊确实得到了欧盟给予的债务免除援助，但事实的真相是，这种债务免除使之成为欧洲援助资金进入北方各国银行的流转通道，这样一来，那些本就风险极高的贷款一旦不能兑现，银行就可以要求欧洲所有纳税人拿出大量资金来帮助它们摆脱困境。金融机构的这种特征在新自由主义时代司空见惯。

当希腊政府建议聆听一下希腊人民对自己的命运所表达的真实心声的时候，欧洲精英群体却对这个做法感到无比恐慌，他们一致认为希腊政府过于轻率、过于天真了。希腊人怎么胆敢在民主制度的起源地尊重民主的价值呢？对此，欧洲权贵阶层最终以一种类似于施虐狂的手段加以反击，一方面加紧对希腊政府的强制性命令，最终将希腊推向万丈深渊，另一方面又不出所料地为自身利益来加紧攫取各种资源。施虐的对象可能并没有特别针对希腊民众，而是针对这样的人——他们敢于冒天下之大不韪，敢于想象民众也拥有与金融机构和投资者同等的权利。一般来说，经济衰退时期推行紧缩政策并不符合任何一种经济原理，即便是国际货币基金组织的经济学家们对此也没有任何异议（当然如果考虑到政治因素那就另当别论了）。这种情况很难不让有识之士认识到，这事实上就是赤裸裸的阶级斗争，其目的是收回民主制度所带来的各项社会成果，而推行民主

制度并带来社会成果曾经是欧洲对现代文明进程所作出的重要贡献之一。

您会如何评价现在领导希腊的激进左翼联盟政府呢？他们签订了一个新的拯救协议，进而成为另一个继续推行紧缩措施、站在民众对立面的政府，背弃了其在选举时曾经发过的誓言。

我个人觉得自己尚未对目前希腊发生的一切有足够的了解，因此很难针对左翼联盟力量具体的政策选择进行评价，也很难评估他们是否还可以选择其他道路。如果他们真的能够从欧洲其他地区的民众力量中获得有意义的支持的话，那么选择的机会会显著增加。我觉得这还是有可能的。

希腊前经济部长亚尼斯·瓦鲁法基斯（Yanis Varoufakis）正在积极筹备一个新的政党，其宗旨用他自己的话来说，是秉承“一个简单而又激进的理念：让欧洲民主化”。对此，我有两个问题想要听听您的看法：首先，为什么在欧洲很多国家，社会民主主义都在成为明日 45
黄花？其次，人们对资本主义进行“民主化”究竟能够走多远？

社会民主主义的各种变体，不论在欧洲还是在世界其他地方，在过去这一代的新自由主义时期都已经遭遇到了猛烈的攻击，新自由主义的发展趋势事实上对于世界各地的普通民众而言是极其有害的，真正从中获益的是极少数精英群体。乐施会（Oxfam）最近刚刚公布的一份研究报告发现，世界人口中1%的最富有群体将来很快会掌控一半以上的财富。这一结论有力地昭示了这些新自由主义所信奉的教条有多么寡廉鲜耻。与此同时，在美国这个全球所有主要国家中最富裕并且拥有着无人能企及的竞争优势的国家，还有数百万儿童赖以生存的家庭只能靠每日两美元勉强维生。即便是这种微薄收入也没能逃脱那些所谓的保守主义者的猛烈攻击。

关于在不同形式的国家资本主义当中，改革究竟能够走多远，大家可以各抒己见。但是，改革能够远超现状是毋庸置疑的。同样毫无疑问的是，我们应该将改革进行到底。这一点甚至应该成为那些致力于推动激进的社会革命的人的目标，因为其所推动的社会革命如果不能基于广大民众的全心投入，那么也可能把人们引向更大的灾难。广大民众最终会认识到，处于权力中心的人一定会阻止社会革命的进程。

欧洲所面临的严峻的难民危机已经迫使好几个欧盟成员国，包括奥地利、瑞典、丹麦和荷兰在内，决定暂时中止遵守《申根协定》。您认为我们现在已经到了亲眼见证所谓的欧洲整合计划甚至包括所谓的单一货币政策彻底分崩离析的阶段了吗？

我认为在这一问题上我们需要区别对待。单一货币政策在目前的状况下讨论并不合适。至于欧洲一体化计划，在我看来确实已经取得了巨大的进展。回顾历史，几百年来欧洲人一直在互相残杀，波及范围惊人地广泛。国与国之间能够克服民族敌意、避免边境冲突，这样的进步不可谓不大。难民所带来的威胁被人为地夸大了，其实这种威胁完全可以采取人道主义的方式加以有效管理，而且难民对欧洲各国经济和文化的健康发展也不无裨益。如果因为这种所谓威胁就让《申根协定》废弃的话，那样的羞辱也不可谓不大。

“布基尼”禁令、新无神论和国家崇拜：宗教介入政治领域[①]

C. J. 波利赫罗纽：在漫长的人类历史上，宗教帮助世界各地的穷人和被压迫者摆脱痛苦和伤害，这也许是马克思在发出“宗教是人民的鸦片”这一断言时想要表达的真正意思。但是，与此同时，那些以上帝的名义犯下的令人齿冷的残暴恶行却从未消失过，宗教机构也时常以传统的守护者自居。对于宗教在人类事务中所扮演的角色，您是如何理解的呢？ 47

诺姆·乔姆斯基：这个问题的整体状况是极其丑陋的，大家对此应该心知肚明，无须我赘述。不过，值得我们铭记的正面特例还是有一些的。其中一个是在1962年根据当时教宗若望二十三世的提议而召开的第二次梵蒂冈公会议之后拉丁美洲所发生的变化。这次大会表明教会迈出了至关重要的改革步伐，把整个教会转了个向，转到重建福音派基督教中激进的和平主义方向上来。借用基督教史专家汉斯·昆 (Hans Küng) 对宗教史上所发生过的一次大变革的诠释，正是在公元4世纪，康斯坦丁大帝把基督教尊奉为罗马帝国的官方宗教，基本上摈弃了福音派的和平主义信条，让教堂从代表被害者的角色转变为代表迫害者的角色。拉丁美洲的主教、神父和世俗人士纷纷响应第二次梵蒂冈公会议的精神，建立了“解放神学”——这是一项帮助劳苦大众积极争取和保护自己应得权利的伟大事业。

48 当然，在包括福音派基督徒的众多新教教派中，也存在着许多与上述事例类似的现象。20世纪80年代，正是这些团体成为美国一场声势浩大的运动的核心力量。据我所知，这可以算得上是美国有史以来的第一次，成千上万的民众不仅挺身而出抗议政府所犯下的各种罪恶行径，而且还勇敢地和那些被牺牲的对象肩并肩地斗争，帮助他们逃脱无休止的杀戮。

20世纪80年代，美国推动了一场虚拟意义上的反教会斗争，其中中美洲所发生的一切最为剧烈。萨尔瓦多这个中美洲国家在那十年中经历了两次至关重要的标志性事件：其一是1980年被尊称为“沉默者的代言人”的大主教奥斯卡·罗梅罗被谋杀的事件，其二是在1989年，在拉丁美洲知识分子圈中享有盛名的6个耶稣会教士被残忍谋杀的事件。罗梅罗亲自给当时的美国总统卡特写了一封信，几天之后他就被杀害了。在这封言辞恳切的信中，罗梅罗请求卡特总统停止给当地毫无人性的军事武装力量组织输送任何帮助，因为后者会用这些来自美国的赞助——在这里我引用一下罗梅罗信中的原话——“彻底摧毁那些致力于保卫自己最根本的权益的民众组织”。其结果是，安全部队在该地区被美国直接掌控的省份留下了很多宗教烈士的遗骸，再加上成千上万的常见牺牲品：穷苦潦倒的农民，人权活动积极分子和一些致力于“保卫自己最根本的权益”的普通人。

而美国军队却煞有介事、不无自豪地认为自己所做的一切是在帮助当地摧毁危险的异端力量，这些异端力量遵奉福音派所传递的主张：“为穷苦人谋幸福。”美洲学院（后更名为“西半球安全合作学

① 和莉莉·塞奇（Lily Sage）共同撰写，最早发表在2016年8月31日的*Truthout*。

院”）最为世人熟知的作为就是他们在拉丁美洲精心训练了一大批杀手，而且还骄傲地宣称：解放神学已经“在美国军队的帮助下被彻底打败了”。

您相信宗教所蕴含的精神因素吗？或者说在您看来，宗教真的管用吗？

就我个人而言，我对此是持有怀疑态度的。我一直认为非理性的信仰是一种十分危险的现象，我也一直努力规避这种信仰。另一方面，我并不否认对于其他人来说，宗教是他们生命中不可或缺的一个重要组成部分，只不过其影响是正负混合的。

现在兴起了所谓的“新无神论”思潮，这一思潮的产生似乎与人们对9·11恐怖袭击事件的反应有关。对此您怎么看？究竟谁是这场运动的目标受众，它真的提出了明确的政治主张，进步派和左翼力 49
量应该以此作为旗帜和号令吗？

一场运动的目标受众通常都不是很清晰，而且其价值主张也千差万别。人们可以通过教育计划来鼓励普通大众去质疑那些可能蕴含着极大危害的无根据、非理性信仰。这是很不错的做法。这样的努力很可能会产生正向的效果，但是，也需要警惕其中潜藏的问题。

我们可以以乔治·W. 布什总统为例加以深入分析。小布什总统在作出入侵伊拉克的决定时，赖以支撑的正是他内心深处所坚守的对基督教基要主义的虔信，可是那场战争绝对算得上是美国在上个世纪犯下的最不可饶恕的罪行。我们能说他自己就是这场运动原先瞩意的目标受众之一，或者说，所谓的目标受众就是以他为代表的福音派基督教徒吗？还是说以色列境内那些积极呼吁全世界前来观摩亚玛力人对所有巴勒斯坦人进行最终裁决（彻底摧毁，甚至不放过后者的牲畜）的著名拉比才是这场运动的目标受众？抑或盘踞在沙特阿拉伯境内的那些伊斯兰激进主义者才是这场运动的目标受众？正是这些人在长达75年的时间内一直被华盛顿供奉为后者在中东地区最具价值的同盟力量，他们却同时在不断推行将伊斯兰教逊尼派瓦哈比化的宗教运动。如果上述这些组织就是这场所谓“新无神论”运动所确定的目标受众的话，那么这样的努力在我看来显然是没有希望可言的，最起码并不值得我们大家为之欢欣鼓舞。这样的人应不应该成为这场运动的目标受众？他们并不信奉什么具体的宗教，但是会时不时地参加一些宗教性的仪式和活动，与大家一起庆祝各种宗教节日，并希望因此而成为一个大家同甘共苦、团结友爱的社区中的一分子，和所有人一起共享历史传统，一起来巩固人类历史上传承下来的价值观，从而真正帮助人们在当下这样一个因为社会纽带松弛而越来越变成原子化碎片的世界克服寂寞和孤独。那个内心悲伤至极，又因为想到总有一天她能够在天堂再一次见到她那奄奄一息的孩子而感到稍许有些安慰的母亲，是不是这场运动的目标受众？有谁能够在面对这样一个母亲的时候还能滔滔不绝地发表一篇有关认识论的演讲呢？运动或许确实存在着所谓的目标受众，但是这些受众的构成和限制条件都是需要考虑的问题。

进一步而言，严肃地讲，所谓“新无神论”真正应该对抗的目标是国家崇拜这样一种病毒式的世俗宗教信仰，这种信仰通常总是披着歌颂例外主义和高尚目标的宣传外衣，也是当今世界愈发频繁地上演的各种罪恶行径的真正根源，我觉得在这里都没有必要对其进行详述。

我觉得关于这个问题已经没有必要赘述了，我只能说我对此一直持有保留态度。尽管如此，我还是想再强调一下，有些努力非常适当也非常值得，其使命在于克服那些通常极其危险的错误信仰。

有人曾经辩驳说，在涉及宗教问题时，美国事实上应该被视为一个信奉基要主义的国家。当下的美国，民众中的绝大多数看起来已经被宗教狂热情绪给彻底俘虏了，那么您觉得我们还有希望看到美国在这方面发生变化、迈向进步吗？

从建国开始，美国就一直是一个纯粹的基要主义国家，两百多年 50
以来总是在重复大觉醒运动，不断地爆发宗教狂潮。在给宗教赋予无限权力方面，美国可以说是所有工业化社会中最特立独行的国家。尽管如此，如果我们同样追溯到其建国之初，还是能够看到不少变化和进步，当然这样的变化和进步倒并不完全必然源于宗教虔诚所造成的冲突。

比如说，大家可能会联想到多萝西·戴（Dorothy Day）和天主教工人运动，或者联想到在那场声势浩大的民权运动中，宗教在非裔美国社区中所扮演的强势角色；人们在亲眼目睹了发生在美国南部地区不分昼夜的残忍殴打和暴行之后，会一起参与教堂所组织的抗议示威集会，强化团结的纽带，大声合唱圣歌，互相鼓励，为明天的斗争而凝聚力量。从个人的角度来看，这样的场景是感人至深的。这一切当然绝不是生活的常态，而且从通常意义上来看，这样一种旨在推动社会政策变革的基要主义宗教运动所造成的后果即便不能说是致命的，也是非常有害的。

从过去到现在，任何问题都不会轻易地得到解决，在这里我能给出的也不过是老生常谈而已：感同身受地去关心问题的症结所在，不遗余力地去争取更具建设性、更具价值的结果，旗帜鲜明地去反对并克服不良企图和倾向，坚持不懈地培育世俗化的人文主义精神，有条不紊地去推进激进而又影响深远的社会变革，责无旁贷地去承担解决我们大家所共同面临的紧迫问题的责任和使命。

很多以政治为主题的美国国内演讲者在最后总会加上“上帝保佑大家，上帝保佑美国”这么一句话。类似的表达在您看来会对政治、文化和社会现实产生影响吗？

对此现象，我的推断是我们在很大程度上应该从反向来看待其中的因果关系，当然不可否认人们对此还是有反应的。政治宣传如果一直在不断鼓吹“我们是好人”和“他们是恶魔”，不断进行自我崇拜，不断贬损他人，那么一定会对人们的世界观造成深远的影响。

这方面的例子比比皆是，但是我们可以从思想文化界的顶峰上摘取一个刚刚发生的实际案例来简略地展示一下这个颇具共性的发展趋势。这个例子就是萨曼莎·鲍尔（Samantha Power）2016年8月18日发表在《纽约书评》上的一篇文章。在没有给出任何相关证据或者评论的基础上，该作者如此呈现亨利·基辛格对于“悲剧性的美国缺点”的智慧反思：换句话说，“对我们所遵奉的原则就是所有人都应该遵循的普世价值这一点深信不疑，‘己之所欲，施之于人’地在美国以外的世界推广我们认定的人权……‘没有哪个国家……曾经像美国这样对自己提出类似的道德要求。也没有哪个国家，其道
51 德价值观被定义得如此绝对，其应用的具体情境又是如此不完善，因此而饱受二者之间的矛盾和差距的煎熬’”。

对于那些对当代历史稍有常识的人来说，这样一种昏庸之见只能令人尴尬不已——或者更准确地说，只能令人惊恐万分。而且，这样的说法并不是来自口无遮拦的电台谈话节目，而是来自一份代表了左翼自由主义知识分子立场的权威杂志。那些每天受到来自四面八方的无孔不入的爱国主义言论轰炸的人们很可能因此而形成对人类具有重大威胁的世界观和人生观。

修辞学在政治运动被广泛应用，也在政治情境下被滥用。关于政治修辞学，您是否有您自己的理论？

关于修辞学，我并没有什么理论可言，但是我总是试图让自己牢记一个原则，那就是每个人都不应该试图以说服对方为目标；相反，每个人应该做的是尽可能地划出自己最擅长的领域和思考的界线，这样可以让其他人利用他们自己掌握的知识力量来自我判断他们应该如何思考以及究竟什么才是对的、什么是错的。我一直都在作这样的努力，尤其是在我撰写政治评论时，总希望能够事先将我的立场尽可能清楚地呈现出来，从而让读者能够相应地作出他们自己的判断。所谓中立的客观性这样的观点在最好的情况下也会误导受众，在很多情况下都是在故意欺骗他人。在面临错综复杂而且很容易引发争论的问题尤其是那些对整个人类来说至关重要的问题时，我们不得不秉持一个相对确定的观点。如果你还愿意去努力找到一把可以用来打磨的斧头，那么你就应该在一开始就把那把斧头很明确地亮出来，这样一来我们的对话对象才能看清楚我们面对历史事件所作的解释和选择究竟是基于什么样的信息和事实基础。

至于说到我能够在多大程度上管理好自己的修辞行为——其实我应该也并没有让大家觉得我真有多少修辞行为——我只是试图努力不迫使其他人在没有经过自己的独立思考之后就全盘接受我的结论。同样，任何一个优秀的老师都知道，与给学生传播各种信息相比，帮助学生培育好奇心、培养独立思考的能力显然要重要得多。

过去这些年，有一种观点变得流行起来了，该观点认为知识是在社会互动中生成，认为知识是整个社会对任何一个需要研究和分析的命题所达成的共识的结果，该观点的倡导者甚至认为这一机制对于现实本身也适用。对于知识和现实的这种相对主义观点，您认同吗？

在我看来，这样的观点尽管也隐藏着一丝正确性，但在很大程度
52 上偏离了正轨。人对知识的追求是在先验概念的指导下进行的，这一点是毋庸置疑的，同样不容怀疑的是，知识并不总是但经常是一种典型的群体行为，特别是那些有组织的知识行为，比如说自然科学领域的研究，基本都是群体行为。举例说，某一天我的一个研究生很可能会来到我的办公室，告诉我说基于这样那样的原因，我昨天上课提出的一个结论很可能是错误的，然后我们俩可以针对这个问题进行深入的讨论，随后可能会达成共识，也可能会继续各执己见，甚至很可能在讨论的过程中我们还发现了一些全新的问题。好吧，这就是常规意义上的探寻，不管最终的结果是什么，我们都可以将之视为某种形式的知识或者理解，而这种知识或理解的生成在一定程度上确实是社会性的，取决于我们两个人之间的互动的特性。

还有很多领域我们其实是知之甚少的，比如科学知识究竟是如何形成的，又是如何发展的。如果我们对那些我们认为有所理解的领域和事物进行更深入的探究的话，我们就会发现，认知系统包括知识和理解系统的发展，很大程度上受到我们的生物特性的控制和影响。就我们所掌握的关于语言的知识而言，我们已经找到足够清晰的证据和足够有力的结果来证明这一点。我自己之所以对语言研究有兴趣，其中一部分原因就是因为这一领域的问题相对能够比较清楚地加以研究，远比其他许多领域要清楚。而且，该领域是人类本性和人类活动的内在的一部分，而不是边缘性领域。这一方面，至少是在我看来，我们已经拥有了强有力的证据表明，人的生物特性对语言中产生的知识系统的形式具有特别直接的影响。

在其他一些领域，比如说，我们的道德观念的内在构成，我们所知甚少，尽管当代对这一领域也确实展开了很有意思也很有启发的研究。在我看来，我们所面临的问题的性质强烈地暗示了一个相类

似的结论：生物特性具有很强的控制力和影响力。当你回到科学探
索领域的时候，同样，你会意识到我们仍然所知甚少——所有的知识
发现究竟是如何作出的——以至于我们不得不退回到纯粹的揣测中
去，或者是沉浸到对历史事例的回顾中去。但是，我一直认为科学知
识的整个获取过程的性质启示我们，生物特性在其中起着直接和主
导作用。其背后的推导逻辑本质上可以说符合柏拉图的哲学理念，
我也一直认为这是能够找到足够证据加以证明的。所以有时人们会
用“柏拉图的问题”来指称这一类问题。柏拉图式对话的推导结论
是：我们迄今为止获得的知识所体现出来的丰富性、具体性和共通
性确实已经远远超越了我们能够获得的经验，包括人际互动所带来
的经验。而且，除了受到上帝之手的影响，留给我们的只有一种可能 53
性：在最基本的层面，一切皆由内部因素所决定，最终由生物学意义
上的天赐基因所决定。

这也是自然科学家们在研究有机系统的时候所经常遵循的推导逻辑。因此，举例说，在我们研究人的生理成长机制——用比喻的说法，也就是“颈部以下”部位，把思维排除在外——的时候，我们很自然地会采用类似的逻辑推导方式。比如说我可能会告诉你说，青春期的成长过程实际上是一种社会性的互动，人们之所以会经历这一过程是因为他们看到其他人都会经历同样的历程，因此这一切不过是同伴压力而已。好吧，我估计你嘲笑这种说法。为什么？事实上，并没有任何一种环境因素会引发有机体发生这样特定的变化。同样，我们会很自然地认为青春期是一种生物性安排，孩子们在成长过程的某个阶段都要经历青春期。那么，我们能够据此就断定，对于青春期来说，社会因素是完全不相关的吗？当然不能下这样的断论。社会性的互动当然有相关性。在某些特殊情况下，比如说将孩子与社会完全隔绝开来，你会发现在这样的孩子身上很可能根本看不到

青春期的痕迹。在对“颈部以上”的发展变化进行研究的时候，这样的逻辑推导原则也完全适用。

让我们回到宗教和政治之间的关系这一话题。有不少政治评论员认为以色列和巴勒斯坦之间的冲突本质上是宗教之战而非领土之争。您觉得这样的说法有道理吗？

犹太复国主义运动在刚兴起的时候本质上确实是一种世俗运动。以色列在1967年战争中大获全胜，随后逐步吞并了巴勒斯坦领地，这对以色列的社会和文化产生了深远的影响。此后，宗教因素开始在犹太复国主义运动进程中发挥举足轻重的作用。这一点对于以色列军队来说表现得尤其明显，这种变化趋势从20世纪80年代开始就让军事领域的分析师们忧心忡忡（当时约拉姆·佩里［Yoram Peri］的警示现在看来真的非常具有前瞻性），这种忧惧感今天有增无减。巴勒斯坦解放运动在很大程度上也是世俗性的，尽管其间所潜藏着的宗教极端主义倾向也在与日俱增。事实上，在整个伊斯兰世界，随着这种世俗性运动不断受挫，受伤的人们急于寻找出路。尽管如此，在我看来，将巴以之间的冲突视为一场宗教之战实际上还是带有很强的误导性的。不管大家如何看待这一问题，犹太复国主义自始至终、彻头彻尾都是一场定居者殖民地运动。

法国针对世俗化和那些明目张胆的宗教标志符号颁布了一系列监管法令，对此您有什么看法？这在以进步和普世价值为目标的社会发展历程中算是一种进步还是一种倒退？

我不认为国家应该颁布法令来强制要求女性脱去头巾或者规定
54 游泳时的着装标准。在我看来，世俗价值观确实应该得到尊重；在这些价值观中，只要个人的选择不伤害到他人，就应该得到尊重。当国家强权开始侵入到由个人选择来主导的领域的时候，理应得到尊重的世俗价值观就会遭到践踏。如果哈西德犹太人选择穿上黑色斗篷和白色衬衫，戴上黑色帽子，留着正统的发型，全身上下都是宗教打扮的话，那么也不关政府什么事。同样，如果一个穆斯林妇女决定戴上头巾或者说游泳时穿上“布基尼（穆斯林式泳衣）”，那么任何一个政府也不该对此横加干涉。

构建“永久和平”的愿景[1]

55 **C. J. 波利赫罗纽：** 诺姆，政治冷漠所折射出来的正是民主的日渐衰落，这种现象无论是在美国还是在欧洲都表现得极为明显，而您在《谁在统治这个世界》（*Who Rules the World?*）这本书中给出的解释是，这种现象和下列事实密切相关：整个西方世界的大多数民众都“对所有的政策都是一小撮大利益集团在背后操控这一点深信不疑”。[2]这种说法确实有道理，但这难道不是亘古不变的事实吗？我的意思是说，自古以来人们就深知，所有政策的制定权实际上都掌控在少数精英分子的手中，但这种认识过去并没有阻止人们的努力，他们始终致力于通过选举活动和其他手段去影响政治结果。所以，我想问，对于我们这个时代弥漫着的政治冷漠情绪，您还能找到什么特别的原因吗？

诺姆·乔姆斯基： 我觉得“无奈”兴许比“冷漠”这个说法更合适一些，但是即便如此，我个人认为仍然有些夸大其词了。

从20世纪80年代初开始，美国的投票统计结果就表明绝大多数的民众都坚信，是那些到处寻找机会为自己攫取利益的少数大利益集团在真正掌控着政府的运作。更早的投票统计结果，还有其它国家的选举结果，我并不十分了解，但是，如果其结果和上述提到的结果很相似的话，也是很正常的。这里真正需要提出的关键问题应该是：对于这样的现状，人们是否有足够的动力和愿望去做些什么，去加以改变？背后的影响因素很多，其中至关重要的是到底有哪些手段和方法能够由民众来获得和掌握。严肃认真的政治积极分子应该责无旁贷地创造各种手段和方法，并帮助民众意识到这些手段和方法的存在。250年前，大卫·休谟（David Hume）在一本最早的现 56
代政治理论著作中观察到，如果被统治者决意施加影响的话，“权力是掌握在那些被统治者手中的”；最终，“单独依靠舆论”——也就是依靠理念和宣传——民众反而会失去掌握权力的机会。这种情况当然可以被克服、被改变，而且在很多情况下也确实被克服、被改变了。

35年前，政治学家沃尔特·迪安·伯纳姆（Walter Dean Burnham）断言：“在整个选举框架内的所有竞争党派中，以社会主义者为主体或者代表工人大众利益的党派完全缺席”，正是美国选举过程中投票率持续走低的最主要原因。从传统意义来说，劳工运动和以劳动阶层为根基的政党总是能够在整个选举制度当中，在街头，在工厂，带头提供“影响政治结果”的各种手段和方法。但是，在新自由主义思潮的不断冲击下，这样的能力被大幅削弱，进一步加剧了商业阶级自“二战”结束以来针对工会组织所展开的激烈斗争。

1978年，里根政府强化了对劳工组织的攻击，而在这之前，时任美国汽车工人联合会主席的道格·弗雷泽（Doug Fraser）已经意识到了正在发生的一切——尽管这样的觉醒为时已晚——并且大声谴责这些“商业世界的领导人”竟然会“在这个国家执意发动这样一场单向的阶级斗争，将斗争的矛头指向那些工人阶级、失业群体、贫

① 最早发表在2016年6月19日的*Truthout*。

② Noam Chomsky. *Who Rules the World* (Hamish Hamilton Ltd, 2016).

苦大众、少数族裔、年轻群体以及老无所依的人，甚至是那些我们社会中的中产阶层”，从而最终“撕毁、摒弃了那份脆弱的口头协议，该协议是增长和进步时期的遗产”。这些工会组织的领导者将自己的信念——不可否认作为一个劳工官僚，有部分考量确实是为了争取他们自身的利益——寄托在一份与企业所有者和管理层所签订的协议上面。这种情形在“二战”结束之后美国社会高速发展并且大量获利的特殊时期并没有发生任何变化，甚至一直延续到20世纪70年代。到那时，劳工阶层所受到的强力攻击早就对他们造成了巨大的影响，其所面临的困境日益严峻，特别是在采取激进的反劳工措施的里根政府统治时代。

与此同时，民主党也开始逐步背弃劳动阶层。而所谓的独立政党本质上能够起到的作用也非常边缘化，政治干预运动尽管不断壮大，但通常总是将阶级议题抛在一边，向白人工人阶层提供的帮助微乎其微，最终导致这一群体落入自己的阶级敌人的手中。在欧洲，随着重要的政策决策逐渐被转移到布鲁塞尔的欧盟官僚机构手中，而且是在北方各国银行的巨大影响下维持运作，原先还能正常运转的民主机制开始日渐衰落。我们看到不少普通民众对此作出了反应，其中有一些是自我摧毁性的（加速落入了阶级敌人之手），还有一些
57 则是比较有前途、有成效的，正如我们在美国和欧洲当下的政治运动中所观察到的那样。

在您的书中，您提到了“看不见的权力之手”。这个说法到底是想要表达什么意思？在什么样的条件和背景下我们可以借用这一说法来理解美国国内和世界范围内的政治发展进程？

我用这个说法来形容政策制定的指导思想，这些思想有些时候明确地写在文件当中，有些时候则可以在当前发生的事件上比较轻

易地识别出来。在国际事务和内政领域，这样的实例比比皆是。有些时候，各种疑云是政府高层主动拨开的，或者通过有深远历史影响的重大事件来澄清。例如，在苏联彻底解体，而且不可能再威胁说"俄国人来了"的时候，冷战的本质才清晰地展现出来。由于原先隐藏着的冷战托辞突然消失了，我们才耐人寻味地测试出当初政策制定的真正动机。

再如，从老布什政府留下的官方文件中，我们发现政府早就意识到需要将所有的干预力量瞄准中东地区，这样才能确保那些能够给我们的利益造成危害的威胁力量"不会迈进克里姆林宫的门"，这一结论很显然与我们长期所受的欺骗性宣传完全相反。我们所面临的严峻问题需要追溯到"激进的民族主义"，而这一说法过去通常被用来描述受控的、独立的民族主义。这实际上是冷战的核心主题，只不过一直被掩藏在针对最大敌人的表面姿态下面而已。

NATO的命运其实也很有启发。无论是在最初的形成阶段还是在随后的维持过程，该组织宣称的目标一直是要抵御苏联阵营。到了1991年，再也没有了所谓的苏联阵营，也没有了华沙条约，连米哈伊尔·戈尔巴乔夫都开始倡导要建立一个更为广泛的不附带任何军事协议的安保系统。NATO此后做了些什么呢？它不断地向东扩张，直接违背了当年老布什总统和美国国务卿詹姆斯·贝克对戈尔巴乔夫所作的承诺。最近刚刚披露的档案文件提供的证明揭示，当年老布什和贝克就有意识地在欺骗戈尔巴乔夫，目的是为了获得后者的首肯，允许统一后的德国加入NATO。

让我们转向另一个领域。IMF关于全球主要银行巨头的研究报告充分揭示出自由市场资本主义的真实思想。从这份报告中可以清晰地看到，这些银行巨额利润中的绝大部分都是从隐秘的纳税人保险政策中攫取的。

类似的例子不胜枚举，而且都是富有启发的。

58 “二战”结束以来，整个西方——实际上是全世界——的资本主义都在致力于维护和扩张其统治地位，这种维护和扩张不仅通过政治和心理手段，而且通过镇压性国家机器的使用，甚至包括军事手段。您能否结合“谁在统治整个世界”这一主题来谈一下上述现象？

“铁腕手段/暴力手段”（武装力量或镇压性力量所形成的威胁）即便是在最自由的社会中也并不罕见。在战后时期的美国，最令人震惊的例子显然是COINTELPRO，这是战后推行的所谓“反谍计划”，是由美国联邦调查局负责执行的一项秘密计划，其目的是尽量广泛地消灭各种反政府势力和活跃思潮，而其采用的手段甚至包括实行政治性的谋杀（黑豹组织者弗雷德·汉普顿 [Fred Hampton] 就是被谋杀的其中一个）。至于大规模监禁那些不利于谋利的“废物”（由于众所周知的历史原因，其中大部分是非裔美国人）则是上述采取的另一种手段。

在境外，美国也从未停止过挥舞自己的铁拳，有的时候是直接上阵，有的时候则通过寻找代理人。印度支那战争是其中一个最极端的例子，那可以说是战后20世纪人类所犯下的最严重的罪行，被主流媒体谴责为“弥天大错”的例子是对伊拉克的入侵，这可以算得上是新世纪以来最邪恶的罪行。“二战”之后这段时期我们可以列举的代表性事例是暴力镇压的肆虐，这种镇压是在肯尼迪政府高效地将美国在拉丁美洲布防的军队的使命从早期的“南半球防御”转向“内部保安”（这是一个冠冕堂皇的说法，其背后是以普通民众为目标对象的战争）之后，如同瘟疫一般地覆盖了整个拉丁美洲。这种做法给整个南半球造成了令人毛骨悚然的后果，并且在里根时代掀起的又一场以谋杀为主题的战争（绝大部分通过代理国的恐怖力量来执行）进一步蔓延到中美洲。

尽管美国至今仍然是在全世界占据主导地位的超级权力大国，但是毫无疑问它已经开始在走下坡路了。您觉得究竟是什么导致了美国衰落，这种趋势又会造成什么样的后果呢？

“二战”结束之后，美国的实力和权力逐渐攀上了顶峰，到达了有史以来任何一个国家都未曾到达过的高度。但是，这一地位是不可能永续的。不久之后，美国势力就开始衰落了，其转折点是“丢掉了中国”（1949年中国通过革命变成了一个共产党执政的国家）这个颇为有趣的说法。随着那些经受了战争洗礼的工业国家的重建和世界各地非殖民地化运动的勃兴，美国的衰落过程在不断深化。美国地位衰退的一个表现是其对联合国的态度的转变。在战后的早期时代，联合国只不过是美国权力利用的一个工具的时候，联合国还是颇受美国尊重的，但是当美国意识到联合国已经开始逐渐失控，就加大 59
了对联合国的攻击，指责它过于“反美”了。从1970年美国和英国一起支持南部罗得西亚（今津巴布韦）推行种族歧视政策的政府，并且投了第一张反对票开始至今，美国在联合国投出的反对票一直保持最高纪录。从那时开始，全球经济就呈现出三巨头状态：以德国为核心的欧洲、以日本为核心的东亚和以美国为核心的北美。

在军事方面，美国始终保持着遥遥领先的超级地位。但是，美国的衰落也产生了很多后果。其中一个后果是需要依赖“自愿的联合力量”，这是当国际舆论甚至美国自己的同盟国家都普遍反对它使用暴力手段的时候采取的应对策略，比如当年对伊拉克的入侵，美国不得不去寻求那些“自愿的联合力量”。另一个后果是美国需要依赖“软政变”，就像当下巴西所发生的那样，而不能再强硬地支持采用新纳粹式的安全措施的国家，尽管不久以前还可以采取强硬措施。

如果说美国还是世界上排名第一的超级力量，那么您认为哪个国家或者实体可以被视为是紧跟其后的超级力量呢？

有很多人津津乐道地谈论中国，认为中国会是一支新兴的超级力量。根据许多分析师的预估，中国最终超越美国的可能性还是很大的。中国在世界舞台的影响力与日剧增，根据某些衡量标准来看早就在经济领域超越了美国（当然人均数值要低得多），这一点是无可辩驳的。在军事领域，中国的力量还是非常薄弱的；其周边海域不断地发生与邻国的冲突和对抗，这一点我们在加勒比海区域或者加利福尼亚海岸是看不到的。但是，中国也面临着极为严峻的内部问题，比如严峻的生态环境威胁、劳动力短缺，以及其他一些问题。它的经济尽管仍处在不断发展的上升通道，但是还是高度依赖那些发达工业经济体和整个西方市场，当然这种状况也已经开始有所改变。在有些高科技领域，例如太阳能的设计和研发方面，中国似乎已经走在了世界前列。由于受到周边海域的围困，中国开始向西发展，在欧亚系统内部重新推行类似于历史上的丝绸之路的计划，使之基本上接受中国的影响，并逐渐延展到欧洲。

很长一段时间以来您一直在警示核武器是全人类所面临的最致
60 命的两大威胁之一。在您看来，为什么那些超级大国这么不愿意彻底废弃核武器呢？这些武器的存在难道不会对所谓“宇宙主宰”的生存造成威胁吗？

非常值得注意的是，那些高高在上的政策制定者们对于会让它们自己同样遭遇到灭顶之灾的可能性表现得非常漠然，毫不担忧，这一点有些匪夷所思。这种灾难在世界事务上（发动战争一方的结局总是毁灭性的）并不新鲜，而且可怕的是现在的灾难规模达到了史无前例的地步。从早期原子弹研发成功那个年代开始，我们就已经预感到了这种发展趋向。美国在一开始似乎给人一种不可战胜的感觉，但事实上我们还是面临着一个严峻威胁，那就是，装载有氢弹头的洲际弹道导弹（ICBM）。在深入研究了历史档案之后，人们已经找到了足够的证据，证实了早先的猜测：尽管有足够的理由和依据来达成最终废弃这些武器的协议，但是事实是这样的计划根本就没有制订过，甚至连想都没想过。从那时起一直到当下，这种指导思想始终占据着主导地位，在历史上西方势力侵入俄罗斯的国境线上，大量的军事力量正在不断集结，让整个世界处在很可能会爆发核战争的危险边缘。

这些政策制定者们对保留这些武器何以重要倒是解释得头头是道。我们从专职负责原子弹政策制定和运用安排的美国战略司令部（STARTCOM）公布的部分克林顿政府时代的解密文件中可以找到其中一个最清晰的解释。该文件的标题是《后冷战时代威慑的核心要素》；其中“威慑”这个专有名词，就像“防御”一样，含有一种大家比较熟悉的奥威尔理论中涉及的强迫和攻击的意味。该文件详细地解释了“无论发生了什么危机或者冲突，核武器都必须发挥至高无上的影响力”，因此拥有核武器并且可以随时使用它们是非常有必要的。如果我们的对手或者敌人知道我们拥有这些武器并且可能会使用这些武器，那么他们很可能就会退缩回去，这在基辛格式的外交政策中显然是一种很常见的论调。在这种意义上说，我们应该时不时地利用一下核武器，就像我们在打劫商店时会带上一支枪，但很可能并不会真正开枪一样，这也是丹·埃尔斯伯格（Dan Ellsberg）一直以来所坚持的观点。这份报告中有一个章节的标题是“维持模棱两可状态”。它建议说，“政策制定者们在决定……我们的对手最看重的究竟是什么的时候，不应该过于理性”，对手看重的内容才是我们真正的目标。

“一旦美国的核心利益受到冲击，美国很可能变得没有那么理性，而且会激发出强烈的复仇和反击情绪，这一点应该成为我们这个国家身上所展现的一种个性”，这份报告中提到，而且还补充说，如果“有些要素看起来有可能会‘失控’”，那么这种情况对于我们所表现出来的策略姿态反倒可能是“有利的”。尼克松式的狂人理论显然不只是其顾问（在尼克松的例子中，就是那个霍尔德曼[Haldeman]）的事后追忆而已，这一次罕见地出现在一份内部的计划文件中。

61 像其他后冷战时代的文件一样，这份文件最终同样没有得到多少关注。（我曾经在很多场合下多次提到过这份文件，但是就我所知，并没有引起任何人的注意。）其被忽视的程度是发人深省的。我们只要用最简单的逻辑推理就可以看出，在所谓的俄罗斯威胁彻底消失之后，这样的文件纪录还存在这样的内容，这清楚地说明了美国过去的所作所为。

奥巴马政府在和古巴的关系上略微敞开了一些大门。在您看来，针对古巴的禁运措施会在不久之后就宣告撤销吗？

正如联合国大会每年在涉及到禁运这一议题时的投票结果所揭示出来的那样，整个世界对美国的禁运政策一直持有一致的反对意见。时至今日，真正还站在美国一边的只剩下以色列了。在这之前，美国有时候还能指望那些太平洋岛国或者其他一些附属国的支持。拉丁美洲毫无疑问对此一致表现出强烈的反对态度。更耐人寻味的是，美国很多资本力量一直积极倡导美古两国在很多领域上实现关系正常化，和公众舆论不谋而合的开放领域包括农业、制药、能源和旅游等行业。你当然可以完全无视公众舆论，但是如果你完全不去理会商业世界中的强势力量所发出的声音的话，那么很显然这是在告诉大家这里面存在着至关重要的“国家层面的原因”。从内部文件记录中我们确实可以揣摩出其中涉及到什么样的利益。

从肯尼迪时代一直到今天，美国对古巴一直耿耿于怀，因为古巴竟然能够“成功地反抗和阻击了”美国的政策，这些政策起源于试图掌控西半球的门罗主义。19世纪20年代，美国制定的第一个“外交政策”目标就是征服古巴，但是当时美国自身力量的薄弱，加上英国的威慑和阻碍，美国最终没能实现这一目标（这里的“外交政策”一词完全是其常规意义，其所遵循的是帝国主义历史学家伯纳德·波特[Bernard Porter]的说法，即“盐水谬误[the salt water fallacy]”：只有跨过盐水的征服才能被称为帝国主义行为，这样说来，摧毁印第安领地和征服大半个墨西哥都不能算是真正意义上的“帝国主义”）。到了1898年，美国积极干预古巴内政，阻止其从西班牙统治下获得独立和解放，最终将其转化为一个虚拟的殖民地，从而实现了早先设定的外交目标。

1959年，古巴经过艰苦不懈的努力终于获得了独立，对美国表现出桀骜不驯的态度，令美国如鲠在喉，两国之间长期交恶。事实上，古巴的独立也只能说是部分独立，因为美国完全无视古巴政府的要求，始终拒绝交还举足轻重的关塔那摩海湾，这是根据1903年美国以武力胁迫古巴政府签订的“协议”而割让的地区。捎带提一下，大家可能还记得，正是在古巴这片被抢占的领地上，发生过有史以来最严重的对人权的侵犯和践踏。事实上，美国对这片有争议的领地的 62
主权主张，其可信度比俄罗斯对同样通过武力抢夺过来的克里米亚地区的主权主张还要低。

不过，还是让我们回到问题本身，在看不到古巴对美国在几乎二百多年前提出的要求有低头倾向的情况下，要预测美国是否会同意终止对古巴实行的禁运政策还是非常不容易的。

您会如何评判古巴革命在国际事务和在社会主义进程中所表现出来的具有历史意义的重要性和影响呢?

古巴革命对国际事务的影响是绝对不可小觑的,甚至可以说是非常重大的。其中值得一提的一点是,古巴在西部和南部非洲的解放运动中曾经扮演过极为关键的角色。正是它派出的军队抵御了得到美国支持的南非对安哥拉的入侵,迫使南非不得不放弃其建立一个地区性支持系统的计划,并放弃其对纳米比亚的非法占据。古巴黑人军队击溃南非军队这一事实对非洲的白人和黑人来说都产生了巨大的心理影响。古巴的国际主义情怀是感人至深、令人赞叹的,这样的努力完全出于无私的动机,还冒着来自于甚嚣尘上的超级强权的风险,该强权是实行种族隔离政策的南非的最后一个支持者。无怪乎纳尔逊·曼德拉从监狱中获释之后,首先大声宣布:

> 在我身陷囹圄的这么多年里,古巴一直是我心中的指路明灯,菲德尔·卡斯特罗(Fidel Castro)是赋予我力量的灯塔……(古巴所取得的胜利)彻底摧毁了白人压迫者战无不胜的神话(并在同时)也大大地鼓舞了南非所有挺身而起、为自己战斗的民众……这对于我们这个大陆包括我们广大的人民,能够彻底从种族隔绝的灾难中得到解放的整个历程来说,绝对是一个关键的转折点……试问,在和非洲的关系中,还有哪个国家能够像古巴那样表现出如此无私无畏的精神呢?

古巴对于世界上其他贫困地区所提供的医疗援助也同样是可圈可点的。

在其国内,古巴也取得了卓越的成就,不仅经受住了美国试图将“地球上最极端的恐怖手段”用其头上(引用历史学家小阿瑟·M. 施

莱辛格 [Arthur M. Schlesinger, Jr] 在他撰写的罗伯特·肯尼迪传记一书中的原话，后者当时将此设定为自己的最首要任务）的考验，而且还挺过了最严苛的禁运政策。古巴在国内积极推行扫盲教育，并且取得了显著成效，其所推行的医疗制度也为世人津津乐道。当然不可否认的是，古巴国内也存在着人权问题，包括对民众在政治和个人自由方面的限制。关于这些问题究竟有多少需要归咎于其所受到的外部攻击，有多少是因为其完全自主的内部政策选择，可能是仁者见仁智者见智，但是对于我们美国人来说，如果根本不去考虑自身不可推卸的巨大责任，而是一味地去谴责古巴存在人权问题的话，这样的做法很显然也是另一种意义上的伪善。 63

在世界范围内，恐怖主义活动背后有很多支持力量，美国是其中的主导性支持者吗？

《美国国际法》期刊最近刚刚发表了几篇书评，主要评论的是以奥巴马在世界各地推行的无人机定点暗杀计划为主题的一些专著。这些书评认为，“已经找到足够有力的证据确定这样一个观点”，那就是，奥巴马所推行的这一计划本质上是“彻头彻尾的非法行径”：“美国的无人机攻击本质上彻底违背了国际法，使得恐怖主义活动这一问题不仅没有得到解决，反而变本加厉，彻底践踏了最基本的道德准则。”在我看来，这样的评论是非常正确、非常明智的。这些得到总统本人竭力推崇、经过精心计算的冷酷杀人武器的每一次的行动细节都令人毛骨悚然，同样令人惊恐不已的则是美国还在试图为此寻找各种法律上的借口，比如奥巴马政府的司法部就坚持所谓“无罪推定”的立场，这种推定可以追溯到800年前《大宪章》所确定的现代法律的基石。这样的立场，根据《纽约时报》的诠释，就是：“奥巴马全心全意地支持一个深受众人非议的作战计划，这种作战计划对平民伤亡情况的统计并不能让奥巴马有动于衷。根据好几个政府官员的说法，在实际行动中，根据这一作战计划，任何一个在战斗圈内可以被视为符合作战年龄的男性都被统计为恐怖主义者，唯一的例外是有明确的情报能够确认这些死去的人事实上是完全清白无辜的”——当然这种情况发生的时候，暗杀行动早就结束了。在大范围的巴基斯坦和也门部落聚居区，包括其他地区，世代居住在那里的人们每一天都过着担惊受怕的日子，不知道什么时候灾难就会从天而降。在全世界都闻名的人类学家阿克巴尔·艾哈迈德对于世界各地不断遭受武力攻击的部落社会既有专业研究方面的经验也有个人生活方面的体验，他以极大的勇气详细叙述了谋杀式的攻击最终是如何激发了受害者们刻骨铭心的仇恨，推动他们将毕生精力投入到无休止的报复行动中去。这样的结论我想并不十分出人意料。我们又该如何回应这样的现实呢？

在我看来，所有这些作战计划，最终会把恐怖主义的奖杯颁给美国。

从历史上来看，在资本主义制度下，无论是富人还是帝国主义国家都热衷于剥削穷人、掠夺弱国的自然资源。在过去，这样的剥削和掠夺绝大多数都是直接通过赤裸裸的物理手段和军事征服来完成的。在如今的金融资本主义体制下，您觉得剥削和掠夺手段发生了什么变化吗？

美国国务卿约翰·福斯特·杜勒斯（John Foster Dulles）曾经向艾森豪威尔总统抱怨说，共产主义者拥有一种不公正的优势——他们可以“直接诉求于广大民众”，并且“彻底掌控民众运动，这些做法我们是无法复制的。劳苦大众正是他们希望吸引的群体，劳苦大众一直希望能够去抢夺富人财富”。很显然，要让大家接受富人有权剥削穷人这一规则并不是那么容易的。

剥削和掠夺的手段确实发生了改变。国际上的“自由贸易协定”（FTA）就是一个很好的例子，包括那些如今正处在商谈过程中的协议——协议中的绝大部分，广大民众都是完全被蒙在鼓里的，真正搞得清楚的是那些参与撰写协议细节的公司法律顾问和政治游说团体。所有的自贸协定本质上都拒绝接受“自由贸易”：它们本质上是严密的贸易保护主义，制定出一系列繁琐复杂的潜在限制条例，以确保制药行业、媒体集团和其他行业赚取高额利润，同时确保那些高收入的专业人士的利益受到保护，但并不保护真正的劳动阶层，劳动阶层不得不直面来自世界各地的竞争并忍受其后果。这些自贸协定在很大程度上与真正的贸易无关；相反，它们更主要的是要确保投资者的权利，比如，如果政府推行了一些可能会削弱境外投资者潜在利益的计划，包括环境、健康或人身安全方面的监管措施，企业（当然，不是那些有血有肉的普通百姓）有权向政府发起诉讼。那些被冠以“贸易”名义的商业活动事实上根本就名不副实。比如说，产品的部件是在印第安纳州生产的，组装是在墨西哥进行的，销售则是在加利福尼亚州完成的，所有这一切本质上仍然是在指令性经济体制下通过巨型公司来运作。资本的流动是完全不受限制的，而劳动力是不流动的，这违背了亚当·斯密（Adam Smith）所提出的自由贸易的根本原则：劳动力的自由流通。更重要的是，如果我们认同人应该被视为民主社会中的重要组成部分的话，那么上述所谓的自贸协定甚至都构不成真正意义上的协议。

您的上述评论是否是在说我们如今正处在一个后帝国主义时代？

在我看来，这只是一个术语问题。随着世易时移，操纵和胁迫的形式也开始多样化了。

最近这些年，我们目睹了好几个所谓的进步派领导人通过选举攀上了权力的顶峰，随后在真正掌控局面之后却又纷纷背弃了就职时对民众的允诺和誓言。那么，在真正民主的制度中究竟应该引进哪些手段或者机制才能确保这些通过选举上台的官员不会背弃选民们对他们的信任呢？举例说，古代雅典人就曾经创造出了所谓的“召回权”，其在19世纪的某些社会主义运动所提出的以确保未来社会和政治领域的秩序为目的的政治规划中成为至关
65 重要的因素，只不过少为人知而已。重新引进这样的机制，使之成为真正的可持续的民主制度中一个关键的组成部分，您赞成这样做吗？

我个人觉得，以某种特定形式赋予民众召回权是颇有道理的，不仅如此，还要辅以自由而独立的调查机制，能够监督那些通过选举上台的代表们的一言一行。切尔西·曼宁（Chelsea Manning）、朱利安·阿桑奇（Julian Assange）、爱德华·斯诺登（Edward Snowden）和其他当代“揭发者”所取得的伟大成就体现在他们是在真正地致力于服务民众，推动基本的公民权利向前迈进。而各个国家的当权者们所采取的针对性措施非常耐人寻味、发人深省。众所周知，奥巴马政府在惩罚揭发者方面所犯下的罪行早就创造了人类历史的新纪录。另一方面，我们大家都目睹了整个欧洲如何被这些揭发者吓得瑟瑟发抖，这实在是令人唏嘘。当玻利维亚总统埃沃·莫拉莱斯（Evo Morales）访问完莫斯科，准备乘坐自己的专机回国的时候，所有的欧洲国家竟然因为担心爱德华·斯诺登会趁机登上这架飞机，因为如果放行了可能会招致华盛顿的不满，千方百计地想出各种借口阻止这架飞机飞越它们的领空，而且当这架飞机半途在奥地利停靠时，该国警察竟然完全无视正常的外交礼节强行作了搜查。所有这一切实在是太具有戏剧性了。

对那些厚颜无耻地背弃选民信任的领导人进行恐怖攻击，这样的行为在您看来一定能够找到正当理由吗？

“一定”这个词用得重了。要凭空设想出现实的情境还是非常困难的。任何一种以暴力为手段的解决方案，都需要同时提出足够的证据和依据。这种做法是很难找到正当理由的。

就我们现在所了解的人的本性，加上我们每个人所拥有的技能、潜能、驱动力和志向各不相同，您觉得我们真的能够建立起一个真正平等的社会吗？这样的社会真的是我们想要的吗？

人的本性既有圣人的一面，也有罪人的一面，我们每一个人身上都蕴含着各种可能性。在一个平等社会的愿景和人的多样性之间，我并没有发现任何一丝冲突。有些人可能会辩驳说，那些拥有高超技能和潜质的人早就因为其所禀赋的能力而得到了上帝的眷顾和奖赏，因此他们事实上就不该再寻求更多的外部回报——对此我并不认同。至于更公正、更自由的社会制度和实践的可行性，我们永远都不可能预先确定，我们所能做的无非是继续努力，尽可能地突破各种限制条件，我不认为这种努力会失败。

根据您的看法，什么样的社会才算是好社会，什么样的世界秩序 66
才算是好秩序，怎么才能彻底摆脱谁在统治世界的问题？

我们可以构建“永久和平”的愿景，继承康德对未来世界的规划，积极打造这样一个理想的社会，其中具有无穷创造力的自由个体不再受制于等级制度、政治控制以及随心所欲的管制和决策。我个人对此的看法是——我身边那些值得尊重的朋友和有争论的同志们不能认同——我们目前尚未掌握足够的信息可以自信满满地罗列出理想社会的细节，我们所能想到的只是在前进的过程中一定会经历各种试验和反复。目前确实存在着一些紧迫的任务，如何更好地组织起来，应对人类社会的生存问题就很关键。这样的问题在以往的人类历史长河中从未出现过，但在当下却是我们无法逃避的问题。还有很多其他任务也很紧急，我们必须立即采取有效措施加以解决。我们必须牢记远大理想，用这些理想来指导我们作出当下选择，与此同时还要认识到这些指导原则也不能一成不变。展望未来，任重道远。

有钱有势则无忧无虑[1]

C. J. 波利赫罗纽：新自由主义意识形态宣称政府才是问题所 67
在，而社会是不存在的，我们每个个体都需要为自己的命运负责。但是，大企业和富裕阶层则一如既往地仰仗国家对各种事务的干预来维持自己对经济的掌控，确保在分享经济这块大馅饼时自己能够享用到更大的份额。那么，在您看来，所谓的新自由主义思潮究竟是一种神话，还是一个意识形态概念？

诺姆·乔姆斯基："新自由主义"这个说法在我看来还具有一定的误导性。其基本理念既不"新"也不"自由"。正如你提到的那样，大企业和富裕阶层愈来愈仰仗著名经济学家迪安·贝克（Dean Baker）所称的"保守的保姆式国家"，这种国家恰恰是这些大企业和富裕阶层一手培育出来的。这一点尤其适用于描述金融机构。IMF最近公布的一份研究报告指出，这些大型银行所获得的丰厚利润几乎完全来自政府推行的隐秘的保险政策（"大而不倒"），其中不仅包括公众所熟知的政府援助计划，还包括低廉而又容易获得的信用贷款，依靠国家担保而获得的高信用评级，以及其他举措。这一观点同样还可以用来解释美国的实体经济。如今，信息技术革命已经成为实体经济的核心驱动力，信息技术在很大程度上依赖政府托底的研发投入、采购订单和其他刺激手段。这样的发展趋势最早可以追溯到英国工业化进程的早期阶段。

但是，无论是“新自由主义”还是其在发展初期的“自由主义”思潮，只不过是人为虚构出来的神话，当然这些神话并不是为其牺牲对象而构建的。经济史学家保罗·贝洛赫（Paul Bairoch）作为一位有识之士，向世人提出过这样一个振聋发聩的观点，即“19世纪第三世界国家迫于外部压力而不得不推行的所谓经济自由主义才是这些国家的工业化进程如此迟缓、如此落后的主要根源”，而且事实上，正
68 是因为这一点这些国家没有走上工业化道路，反而走上了“去工业化”的道路。这种趋势一直延续到今天，只不过被各种不同的外衣掩盖了而已。

简要地说，这些自由主义思想很大程度上只是为有钱有势阶层提供的“神话”。长期以来这些群体绞尽脑汁地给自己构筑起强大的屏障，确保自己免受外部市场力量的冲击，而那些无钱无势者只能被挡在屏障外面，任人宰割。

在当下这样一个时刻，我们已经深刻地感受到了资本主义自大萧条年代以来最具破坏性的危机所带来的伤痛，那么我们该如何来解释以市场为中心的规则和掠夺性金融依然占据统治地位这一现象呢？

对此有一个最基本的解释，也是我们最经常听到的一个解释：有钱有势则无忧无虑。以美国为例，失业人数高达几千万，还有几百万人未被关注，不得不绝望地离开职场。人们的收入和生活水准基本上都停滞了，甚至开始下降。但那些对最近发生的经济危机负

---

① 和阿纳斯塔西娅·吉雅玛丽（Anastasia Giamali）共同撰写，最早发表在2013年12月8日的*Truthout*。

有主要责任的超大银行却比以往更加壮大，其累积的财富到了史无前例的数字。公司的盈利水平不断创新高，强势群体所积聚的财富早就超过了最贪婪的人性所能梦想的程度，而广大劳动者的力量和地位则因为工会所遭到的攻击和“工人们日益严重的不安全感”而被削弱。这种“不安全感”的说法是艾伦·格林斯潘（Alan Greenspan）在解释他领导下的美国经济为何能取得如此惊人增长时所创造的术语，当时他仍是如日中天的“圣艾伦”，他被认为可能是亚当·斯密之后最伟大的经济学家，不过这都是在他治理的经济结构，包括支撑该结构的思想基础轰然倒塌之前的情形。既然如此，我们还有什么好抱怨的呢？

金融资本的增长源于实体经济利润率的下降，也源于生产和利润转移所带来的新机会，其中生产被更多地转移到了工人更容易被剥削、资本更少受限制的地方，而利润则被转移到了税率最低的地方（“全球化”）。这一发展进程还得到了日新月异的技术进步的推动，推动了“完全失控了的金融领域”的野蛮生长，金融行业“正在由内至外地蚕食着现代的市场经济［即实体经济］，就像是蛛蜂的幼虫最终会彻底吞掉产下它的巢穴一样”，这个比喻来自马丁·沃尔夫（Martin Wolf）在《金融时报》上发表的文章中的一段振聋发聩的警世名言。在我看来，沃尔夫绝对可以称得上是英语世界里最受尊重的金融记者了。

撇开上述这些，我们应该充分地认识到，所谓“以市场为中心的规则”最终给很多人施加了严苛的规则，但是真正强势的少数群体却能够找到有效的规避方法，确保其自身的利益不受损害。

有人说，当今世界由跨国公司的精英群体掌控着，民族国家已经 69
终结了，新世界秩序正在形成。您如何看待这种观点？

这种说法有一定道理，但不应该被夸大。跨国公司至今仍然依托母国政府在经济上和军事上的保护，而且这种保护还体现在创新方面。众多的国际机构仍然掌控在少数几个最强大的国家手中，以国家为中心的全球秩序基本上还是稳定的。

欧洲越来越朝着彻底废止“社会契约”的方向靠拢。在您看来，这样的发展出乎您的意料吗？

在接受《华尔街日报》的一次采访时，马里奥·德拉吉（Mario Draghi）指出“这个大陆传统意义上的社会契约”——也许可以称得上是这个大陆对当代文明进程的一个主要贡献——“已经彻底过时了”，必须抛弃。在世界各地仍有很多官僚极尽所能地保留其残余影响，德拉吉应该也算是其中之一。商业世界从来就对社会契约嗤之以鼻。不要忘记，当“社会主义阵营的解体”为其提供了新的劳动力来源——这些劳动力受过高等教育，训练有素，身体健康，甚至金发碧眼——可以顶替享受着“奢华生活方式”的西方社会的工人的时候，所有的商业媒体可都是惊喜若狂。这不是某种势不可挡的经济力量或者其他力量所造成的结果，而是基于规划者自身利益的政策规划，只不过这些规划者更可能是那些银行家和企业高管，而不可能是为他们打扫办公室的清洁工。

当下，发达资本主义国家都面临着债务压力，包括公众债务和私人债务。尤其是对于那些欧元区的周边国家来说，债务问题已经产生了巨大的灾难性的社会后果，因为“最终还债的还是老百姓”。您在过去就一针见血地指出了这一点。为了帮助当今世界的社会活跃分子更好地理解债务问题，您是否可以解释一下债务在何种意义上来说是“一种社会和意识形态的产物”？

对此进行充分解释，可以找到的理由有很多。担任IMF美国执
行董事的卡伦·利萨克斯（Karen Lissakers）曾经说过的一句话非常
精妙地揭示了其中奥妙，她曾经将该机构描绘为“信用社区的执法
者”。在资本主义经济制度下，如果你借给我钱而我到期不能偿还，
那么这其实是你需要解决的问题；你显然无权到我的邻居家里去讨
债。但是，由于富裕和权势阶层能够找到各种方法有效地避开市场
规则对他们的限制，所以当一家大银行以极高的利率和利润将钱借
给那些风险系数很高的借款人之后，如果这些借款人到了特定时点
仍然偿还不了其所欠债务，事态的发展就截然不同了。到那个时刻， 70
“信用社区的执法者”马上就会到场来拯救债主，确保其获得应得的
一切，执法者所采取的手段是制订结构化的调整计划和紧缩开支政
策，把债务迁移到广大公众身上。当有钱人不愿意支付这一类债务
时，他们可以宣称这样的债务“令人作呕”，是不合法的，并利用一些
不公平的手段将危机转嫁到弱者头上。这样看来大量的债务都可以
被视为“令人作呕”，但很少有人能够说服强势机构来拯救他们，使
之不受资本主义的残酷压榨。

还有很多其他手段。摩根大通刚刚因为谋划了一场房贷骗局而被罚了130亿美元（其中一半罚金是可以用来抵税的），而这样的行为绝对应该被当作犯罪行为。这场骗局的受害者最终仍然是那些无辜的民众，他们不得不面对令人绝望的累累负债，他们欲哭无泪。

美国政府紧急援助项目的总检察长尼尔·巴罗夫斯基（Neil Barofsky）也曾经指出，这样的做法实际上就是一种立法交易：作为罪魁祸首的银行得以赦免，作为受害者的普通民众反而落得个无家可归，从政府那里只能得到少得可怜的一点保护和支持。正如他解释的那样，这项交易只有前半部分是真正确保的，而整个计划最终则完全是“给华尔街高管们送礼”——对此，任何理解“真实存在的资

本主义”的人都不会感到惊讶。

这样的清单可以拉得很长。

随着经济危机的加剧，希腊人在全世界面前被描绘成一群好吃懒做、道德败坏的逃税者，他们除了游行示威一无所长。这似乎已经变成了一个主流印象。到底是什么样的机制在引导民众舆论？我们能够突破其局限吗？

这样的画像本质上是由富裕和权贵阶层制造出来的，构成了当时流行的话语体系。只有当他们的权势得到压制，普通民众力量的组织得以建立，这种扭曲和诡计才能终结。在所有存在压迫和操纵的地方，这条法则都适用。

您如何评论当下希腊所发生的一切？特别是“三驾马车”（欧盟、欧央行、IMF）持续不断地提出的要求，以及德国在推动希腊政府施行紧缩政策的进程中所表现出来的不依不饶的态度？

71 在确保对债务危机进行有效管理的前提下，德国对雅典政府所提出的要求的终极目标是确保自己能够更大程度地攫取希腊国内任何有价值的资产。某些德国人似乎坚持实行更严苛的条件，简直会让希腊人变成某种经济奴隶。

现在看来希腊的下一届政府很可能会是激进左翼力量的联合执政。那么，对于新政府来说，针对欧盟和希腊的债主分别应该采取什么样的应付措施？而且，作为一个左翼政府，它应该更倾向于最有生产力的资本阶层，还是应该采纳传统意义上的工人阶级和普罗大众的核心意识形态？

这些都是很艰难的实实在在的问题。如果让我粗略地描画一下我希望看到的未来，那是很容易的，但是考虑到所有的实际情况，任何一种道路都有风险和成本。即便我处在一个可以评估这些道路的位置上——很显然我不在这样的位置上——在没有经过详尽的分析、找到有力的证据之前，就一味地催促新政府作出政策选择，也是非常不负责任的。

资本主义有着摧毁一切的冲动和欲望这一点是毋庸置疑的，但是从您最近撰写的一些文章中可以很清楚地看到，您开始更多地将关注点聚焦于人类对环境所造成的破坏性影响上。您真的觉得人类文明到当今这个时刻已经开始面临深重的危机了吗？

我认为发展到今天，人类是否还能继续体面地生存下去确实值得怀疑。一旦面临险境，最早的受害者总是最柔弱、最脆弱的人，这一点千古不变。即便是根据刚刚结束的华沙全球气候峰会来看，这一点也是显而易见、不容置疑的。当然，本次峰会建树寥寥，乏善可陈。有足够的依据可以预期，这样的趋势还会持续。未来的历史学家——如果确实还有历史学家的话——将会带着惊奇的眼光看待当下的奇观。引领人类努力规避可能的劫难的都是所谓的原始社会：加拿大的第一民族，南美洲的原住民，遍布世界的其他原始人群等。今天，我们目睹了希腊人对环境的破坏和保护。在那里，居住在哈尔基季基的斯哥里斯矿场附近的居民不仅需要抵抗埃尔拉多黄金集团对该地矿产的大肆掠夺，而且还需要面对希腊政府为了保护跨国集团的利益而召集起来的警察部队的铁血镇压。这些居民的抵抗行动表现出了大无畏的英雄气概。

而与此同时，急切地将整个人类引向悬崖边上的则是世界上最富有也最强大的少数国家，这些国家有着不可比拟的优势，像美国和
加拿大。那里发生的一切与人类理性的预测完全相反——甚至偏离 72

了“真实存在的资本主义民主制度”的近乎错乱的理性。

根据您的描述，美国至今为止始终是个高高在上的世界帝国，遵循“黑帮法则”掌控一切，这其实也就意味着这个教父是绝对不可能容忍“成功的反抗”的。那么，在您看来，美国这个帝国的荣耀是否正在慢慢褪色呢？如果是这样的话，那么按这种趋势发展下去，美国是否会对世界和平和人类安全造成更大的威胁？

1945年，美国在世界范围内的霸权地位达到了有史以来的顶点，从那时起就开始逐渐走上了下坡路。当然，它至今为止依然非常强大，尽管世界权力正在呈现多元化倾向，但是我们仍然看不到任何一支力量能够真正和美国抗衡。在这个过程中，美国确实会经常想运用传统的黑帮法则，但是其实际执行相比过去会受到很大限制。美国对世界和平和人类安全所构成的威胁也是真真切切的。我们举一个实际的例子。奥巴马总统推行的无人机攻击计划绝对是当今世界最具规模也最具破坏力的恐怖行动。美国及其代理国以色列一直在蔑视和亵渎国际法，而且每一次还都能全身而退，不受到任何惩罚。比如说，它们不断地威胁要对伊朗实施打击（“不排除任何选项”），这样的做法完全违背了《联合国宪章》的核心准则。最近（2010年）发表的美国《核态势评估报告》的调性则远比以往的报告更激进，更具攻击性，其所透露的警示信号显然不应该被忽视。在这一领域，权力的不断集中也蕴藏着巨大的危险。

关于以色列和巴勒斯坦之间的冲突，您一直以来就坚持认为一味地围绕着一个国家/两个国家的争论其实是完全无关紧要的。

我之所以认为关于一个国家/两个国家的争论是无关紧要的，背后的原因在于所谓一个国家压根就不是其中的一个选项。这样的争论不止是无关紧要的，而且是对现实的严重偏离。

真正可供选择的方向只有两个——1. 两个国家；2. 保持如今以色列在美国撑腰下所做的一切：继续对加沙地带采取铁拳镇压式的围城手段，将这个地区和西岸彻底隔离开来；将西岸紧密地整合进以色列的版图，并且逐步占据没有太多巴勒斯坦人居住的区域，在上述过程中系统性地攫取该地区能够发掘的所有有价值的资源；以不为人知的方式将原先居住在这些区域的人们驱赶出去。从近期我们所看到的事态发展趋势及其所推行的驱逐措施来看，迂回策略的套路显得很清晰。

有了选择2，以色列或者美国没有理由会接受一个国家的提议，
这种提议在国际上也得不到任何支持。除非大家都意识到了形势不 73
断变化的现实基础，讨论一个国家（人权/反种族隔离斗争，“人口问
题”，等等）这一选择方向只可能是转移焦点，从而隐秘地支持选择
2。不管你们喜欢还是不喜欢，这就是整个形势的基本逻辑。

您曾经说过真正惹得您心烦意乱的恰恰是那些精英知识分子群体。这是因为您把政治和道德关联起来吗？

精英知识分子，根据定义，应该拥有很多特权。这些特权给他们提供了更多的选择可能，同时也意味着承担更多的责任。有特权的这些精英知识分子有更好的条件来获取信息，采取行动影响政策制定。精英知识分子的责任应该与其所享有的特权同时评估，加以明确。

我确实认为人们都应该承担起最基本的道德责任，这样一个立场应该无须我多加辩护。身处一个相对而言更自由、更开放的社会中，我们显然应该比那些可能为自己的诚实和正直付出某种代价的人承担更多更大的责任。如果苏维埃时期的人民委员心甘情愿地让

自己屈服于国家权力，他们至少还可以用恐惧作为借口来让自己内心的愧疚减少一点。而在更自由、更开放的社会中，那些苏维埃人民委员的同伴们除了懦弱恐怕找不到别的借口了。

米歇尔·贡德里（Michel Gondry）执导的动画纪录片《高个的男人快乐吗？》（*Is the Man Who Is Tall Happy?*）在赢得广泛赞誉之后最近在纽约和美国其他大城市的部分影院里上映。您看过这部电影没有？您对它满意吗？［编者注：《高个的男人快乐吗？》是基于对诺姆·乔姆斯基的一系列访谈而制作的］

我看过这部纪录片。贡德里确实是一位伟大的艺术家。这部纪录片完成得很好，显得精妙而又聪慧，以一种简要而又清晰的手法捕捉到了一些很重要的理念（这些理念甚至在专业领域都不太容易被理解），而且更重要的是，这部纪录片还传递出很多个人化的内容，在我看来既有感知锐度又有思想深度。

面对“真实存在的资本主义”，文明还能继续生存下去吗[1]

C. J. 波利赫罗纽：在“9·11”事件十三周年纪念会当晚，奥巴马 75
总统通过电视直播发表了一场演讲，向美国人和全世界宣告美国已经决定重新回到伊拉克战场，这一次的作战目标变成了伊拉克和叙利亚境内自我宣称的“伊斯兰国”。那么，在您看来，从2003年入侵伊拉克至今，美国尚未能搞定这个国家吗？还是说，这样的现状只不过是美国这个混乱帝国所推行的各种战略计划所造成的不可避免的后果？

诺姆·乔姆斯基：你在这里使用“不可避免”这个词显然是言重了，但是“伊斯兰国”武装力量和激进的“圣战”主义思潮不断地滋生蔓延，确实应该归咎于华盛顿这么多年来对早就已经千疮百孔的伊拉克社会不停挥舞着铁锤，而且这种武力干预一直有增无减。可怜的伊拉克在经过长达十多年的美英联手经济制裁之后已经呈现出水深火热的状态。这些经济制裁给伊拉克社会造成了如此巨大的创痛，以至于连那些由联合国委派对制裁进行管理的令人尊敬的国际外交人员都纷纷愤而辞职，一致谴责这样的行为简直等同于“种族屠杀”。

在那些最受人尊敬同时也是处于主流地位的美国中东问题专家中，有一位是美国中央情报局前官员格雷厄姆·富勒，他最近撰文写道："在我看来，美国就是'伊斯兰国'恐怖势力的关键制造者之一。美国虽然并没有事先参与'伊斯兰国'建立的谋划过程，但是它对中东地区极具毁灭性的干预和针对伊拉克发动的战争正是'伊斯兰国'得以萌生和壮大的最根本原因。"

在我看来，富勒的这一结论一针见血地道出了事情的真相。当下所发生的一切对于美国来说同样可以称得上是一场大劫难，但同时这也是它咎由自取的结果。美英联手推行的进攻性策略最终导致
76 了令人不寒而栗的严重后果，其中之一就是彻底点燃了中东地区宗教派系之间冲突的火焰，如今已经把伊拉克彻底撕成了碎片，不仅如此，这场战火已经开始进一步地蔓延到了整个中东地区，造成了不可收拾的后果。

在我看来，"伊斯兰国"似乎是代表了一种全新的圣战运动形式，在致力于实现其重建一个伊斯兰哈里发帝国的目标的过程中，它表现出一种与生俱来的野蛮倾向，而且它比"基地"组织更擅长于诱惑身处于欧洲中心地带乃至于远在澳大利亚的年轻的伊斯兰激进分子投身其中。在您看来，为什么这些宗教狂热主义能够变成世界各地蓬勃兴起的穆斯林运动背后的驱动力呢？

就像之前的英国那样，美国总是倾向于给伊斯兰激进组织提供各种帮助，同时坚决反对世俗的民族主义组织，因为英美这两个帝国一致认为后者是更具威胁的力量，很可能会阻碍其实现对该地区的统治和掌控。而等到世俗的力量最终被击垮之后，宗教激进力量就会迅速填补前者所留下的空间。更进一步说，这么多年来美国在该地区最核心的联盟力量是沙特阿拉伯，而沙特本质上是当今世界上

① 最早发表在2014年10月1日的*Truthout*。

最为激进的伊斯兰国家，同时也是一个具有强烈宗教信念的国家，利用其国内取之不尽用之不竭的石油资源，通过建造大量的学校、清真寺和其他一些手段大肆宣扬其所秉承的极端瓦哈比教派/萨拉菲教派的教义，而且也成为那些伊斯兰激进组织的最主要金主。同属一丘之貉的还有其他几个海湾酋长国，它们也都是美国的盟友。

有一件事很值得大家关注，那就是，随着民主力量不断衰退，宗教狂热主义正在不断向西方世界蔓延。美国自己国内所发生的一切就令人深感震惊。在当今世界上，像美国这样的国家并不多，国民中有很大一部分人至今仍坚信是上帝之手在引领着人类的进化，而且这些人中几乎有一半对于我们所生活着的这个世界创立于几千年前这样的说法深信不疑。随着共和党日益演变成为一个只知道为财富阶层和大企业势力服务的极端党派，其所推动的所有政策根本无法获得广大民众的认同和共鸣，因而不得不仰仗那些宗教狂热分子作为铁杆的基础选民，这些人趁机对政策制定施加巨大的影响。

美国在对伊拉克的战争中犯下了滔天罪行。同时，在伊拉克国内，美国针对其平民，尤其是来自不同种族和宗教社区的儿童和普通人，也大量地使用暴力，其所展示出来的残虐程度同样令人感到毛骨悚然。而伊拉克在萨达姆·侯赛因（Saddam Hussein）的统治下享受
到了有史以来最长时期的政治稳定，考虑到这一点，您觉得我们在真 77
切地理解了世界上这个特殊地区当今所发生的如此混乱不堪的状况之后，又能吸取哪些发人深省的教训呢？

最基本的教训是要采取明智的做法，也就是时刻牢记坚守文明社会的准则，并严格遵循国际法。包括美国和英国在内的这些流氓国家所体现出来的暴力犯罪特质虽然不能说一定会造成灾难性的后

果，但是一旦这样的后果造成了，我们也不应该感到惊讶。

事先未经巴沙尔·阿萨德领导下的叙利亚政权的许可，也没有与该政权合作，美国就开始针对叙利亚境内的“伊斯兰国”基地实施空中打击，这种做法很显然违背了国际法的准则，这一准则正是大马士革、莫斯科和德黑兰政府在轰炸开始之前竭力提出抗议的法理基础。但是，彻底摧毁叙利亚境内的“伊斯兰国”武装不是有助于进一步巩固叙利亚政权吗？还是说阿萨德政权更担心的是自己将成为下一个被打击的对象？

阿萨德政权在这件事上显然采取了一种沉默是金的应对方法。比如说，它并没有主动向联合国安理会申诉，没有要求后者帮助阻止这些打击行动。事实上，这样的打击行动毋庸置疑是违背了《联合国宪章》这一当代国际法的基石原则（如果还有人愿意关注的话，就会发现这也是美国宪法中的重要组成部分，即“领土权高于一切法则”）。正如全世界的人都看到的那样：美国对“伊斯兰国”势力的猛烈打击确实有助于削弱叙利亚政权的心头之患。

对于美国针对伊拉克和叙利亚境内的“伊斯兰国”所实施的武力攻击，除了一些西方国家之外，还有不少阿拉伯国家也提供了军事方面的大力支持。这可以算是一种宗教激进主义（比如沙特阿拉伯）在向世人展示其对另一种宗教激进主义（“伊斯兰国”）的恐惧之情吗？

正如《纽约时报》一针见血指出的那样，这些所谓的支持完全是“温吞水式”的。这些政权当然对“伊斯兰国”心存恐惧，但是很明显后者仍然能够从沙特阿拉伯和其他阿拉伯酋长国的大亨那里争取到源源不断的资金援助，而且正如我提到过的那样，“伊斯兰国”的意识形态根基主要是沙特的伊斯兰激进主义，这样的理念有愈演愈烈的趋势。

在哈马斯和以色列签订停火协议之后，加沙地带的民众生活终于恢复到了正常状态。您觉得这种状态能够持续多久？

如果是我的话，我不太愿意使用“正常状态”这个说法。最近刚
刚发生的大屠杀，其惨烈程度远甚于过去发生的一切，其所造成的影 78
响也是非常可怕的。而那个对哈马斯充满了仇恨情绪的埃及独裁军
政府也在添乱，加深了悲剧的程度。

那么，接下来又会发生什么呢？从2005年11月以色列和巴勒斯坦政权第一次签订类似的停战协议以来，事态的发展已经形成了一种常规套路。那份协议大力呼吁的是“在拉法边境划出一条界于加沙地带和埃及之间的通道，用作物品的进出口以及人员往来，继续推动以色列和加沙地带之间的通道正常运作，从而有利于物品进出口和人员往来，尽可能消除西岸地区内部的通行障碍，在西岸和加沙地带配备汽车和卡车作为护航，在加沙地带建造港口，重新开放加沙地带的飞机场（曾经毁于以色列的炮火之下）”。

之后的一系列停战协议基本上都是围绕着这些相同的主题，只不过措辞上或者细节上略有变化而已，最近刚刚通过的协议也同样如此。不管签订过多少份协议，每一次对协议置之不理的都是以色列，而哈马斯则总是能够严格遵守这些协议中的条款（这一点连以色列自己也承认），直到以色列的冒犯行为不断升级，最终引发哈马斯不得已的回应，而哈马斯的回应竟然又给了以色列一个机会“再一次修整一下草坪”，这显然是以色列发明的文明说法。所谓“沉默期”（很多时候更多的是单方沉默）则给了以色列足够的喘息机会，继续推行它彻底攫取西岸地区一切有价值资源和资产的政策，而巴勒斯坦人则不得不在支离破碎的领土上苟延残喘。所有这一切当然

离不开美国在背后提供的至关重要的支持，包括军事、经济、外交和意识形态等全方位的支持，而在设定各种关键议题方面，美国总是坚持从以色列的基本立场和核心关切出发。

这一切事实上也正是以色列在2005年决定彻底从加沙地带“撤军”的初衷所在，实际上，以色列之外的世界各国，包括美国，都深知以色列仍然是这个地区的权力掌控者。以色列总理沙龙（Sharon）的亲密战友，也是这一“撤军”计划的核心设计师和首席谈判官多夫·维斯格拉斯（Dov Weissglass），曾经毫不遮掩地勾勒过这一计划的真正目的。他是这样告知所有媒体的：

> 这一“撤军”计划最重要的意义在于促使整个和平进程陷入冰冻状态。而当你彻底冻结了这一进程之后，你也就成功地阻止了巴勒斯坦国的建立，也同时中止了针对难民问题、边境问题以及耶路撒冷问题所进行的讨论。正是凭借着这一计划，我们成功地将所谓的巴勒斯坦国这一整体规划，包括由此引发的一切问题，都无限期地从我们的议事日程上彻底划去。而这一切的完成既有权威性又得到了多方认可。我要在此感谢美国总统对我们的关心和祝福，也同样感谢美国参众两院对我们这一计划的认可和推动。

这样的套路一次又一次地重演，今天看起来又是一次重复的表演。但是，确实已经有一些经验丰富的以色列问题的评论员开始提
79 议以色列略微放松一下它对加沙地带的长久折磨和伤害。以色列以非法手段占据了西岸的大部分地区（包括伟大的耶路撒冷），这样的路已经走得太远了，以至于以色列政府都开始意识到事态已经不可逆转了。而现在，因为埃及如今落到了毫无人道的军事独裁政府手

中，以色列因此又得到了一个比较贴心的盟友。更有甚者，“伊斯兰国”势力的不断壮大，加上整个区域日益陷入崩塌的边缘，最终也提升了以色列与沙特独裁政府以及其他国家之间心照不宣的同盟关系。可以预想得到的是，以色列很可能会日渐远离其原先秉持的极端的拒绝主义态度，只不过现在看来还不是很有希望。

最近一段时间以色列在加沙地带实施的大屠杀行动确实给世界各地的民众造成很大的心理刺激，反对以色列的声浪也日益高涨。那么，在您看来，美国对以色列提供的无条件支持在多大程度上是源于美国国内的政治因素？另外，您认为在什么样的情况下华盛顿对特拉维夫的政策会有所改变？

美国对以色列的态度确实在很大程度上受国内因素的影响。就在最近发生的以色列袭击行动期间，美国作出的反应还是能说明问题的。在某一特定节点上，以色列的武器装备似乎要耗尽了，而美国“急人所急”地给以色列提供了更多更先进的武器，可以让后者将这场大屠杀进行得更彻底。这些武器基本上是来自美国事先布置在以色列境内的库存，本来是供驻扎在当地的美军使用的，这一点也深刻地显示出两国之间军事上存在的紧密合作关系，这种关系可以追溯到很多年前。两国情报部门之间的合作甚至更加紧密。以色列同时还是美国投资者最感兴趣的一个投资地点，这些投资显然并不仅仅局限在军工领域。美国国内的选民中，有大量的福音派基督教徒狂热地支持以色列。美国国内还有一支非常高效的以色列游说力量，这支力量采取灵活的开放政策——一旦意识到自己可能撞上美国权力的枪口的时候，他们就会马上主动隐退，这种态度也很好理解。

但是，美国民众的感觉还是发生了一定的变化的，尤其是美国的年轻人，包括美国国内的犹太人社区。我个人注意到了这种变化，其他人应该也会注意到。不久之前，当我在美国各大学校园甚至包括我自己就职的大学校园发表关于这一问题的演讲时，我还不得不寻求警察对我进行人身保护。而现在事态似乎已经开始发生改变了。直至今日，巴勒斯坦的团结运动已经在美国各大校园里得到了大学生们的支持。随着时间的推移，这些变化很有可能会和其他一些真正促使美国政策发生变化的因素有机地结合在一起。历史上就曾经发生过同样的情形。但是，要让这一切变成现实，还需要艰苦、严肃、专心致志的努力和斗争。

80 美国针对乌克兰制定的政策，除了制造混乱，然后让其他力量来收拾残局之外，究竟有什么具体的目的？想要达到什么样的结果？

随着柏林墙的轰然倒塌，以及随后苏联的分崩离析，美国开始致力于在脱离了俄罗斯掌控的这些区域中扩张其势力范围，包括为NATO吸纳更多成员国，而这样的做法很显然背弃了和戈尔巴乔夫之间达成的口头承诺，美国对后者所提的抗议根本不理不睬。乌克兰是美国希望从树上摘取的下一颗已经成熟了的果实。

俄罗斯对于乌克兰可能会成为NATO的潜在联盟力量表示了极大的担忧，您认为它的这一担忧有合理性吗？

就NATO总体上所表现出来的不断扩张的野心来说，我个人觉得这样的担忧当然是非常合乎常理的。这一野心如此明目张胆，以至于国际关系学者约翰·米尔斯海默在著名的《外交事务》最近一期上专门为此发表了一篇社论。他认为，美国正是最近所爆发的乌克兰危机的罪魁祸首。

回顾了当下在伊拉克、叙利亚、利比亚、尼日利亚、乌克兰、中国南海甚至包括欧洲部分地区所发生的一切之后，兹比格涅夫·布热津斯基（Zbigniew Brzezinski）在接受微软全国有线广播电视公司（MNSBC）访谈时评论道："我们不得不面对世界各个地区的混乱状况，这种混乱呈现出动态传播的特征。"这种看法在我看来确实是很到位的。那么，这样的事态发展究竟有多少是和美国这样一个全球霸主势力的衰退相关，又有多少和冷战时代存在的力量平衡相关呢？

1945年美国的权力达到了顶峰，而从那时起开始慢慢地走上了下坡路。最近几年来发生了很多重大的变化。其中之一是中国作为一支新兴的超级力量在不断崛起。另一个则是拉丁美洲500年来第一次挣脱了帝国主义（上个世纪基本上是处在美国的统治下）的铁腕，获得了自由。和这些发展趋势相关联的还有金砖国家（巴西、俄罗斯、印度、中国和南非）的兴起以及上海合作组织的成立，后者以中国为基地，包括印度、巴基斯坦、中亚各国以及其他国家。

但是，无论以什么标准来衡量，美国依然是世界上占据统治地位的超级大国。

上个月正好是美国向日本的广岛和长崎市投掷原子弹69周年， 81
但是消灭核武器的计划至今只是一种幻想而已。您在最近发表的一篇文章中再次强调说，我们至今为止之所以还未遭遇到核战争，完全只是运气使然。那么，在您看来，核武器落到恐怖组织手中只不过是时间早晚的问题吗？

核武器早就落到恐怖组织手中了：我在这里指的就是国家恐怖主义分子，美国是其中最主要的一个。不难想象，大规模杀伤性武器也很可能早就落到了"零售恐怖分子"的手中，这种情形给人类生存带来了巨大的威胁。

从20世纪70年代晚期开始，绝大部分的发达经济体都开始逐步聚拢到掠夺式的资本主义阵营。由此造成的后果是，收入和财富差异达到了令人难以置信的程度，贫穷如同瘟疫一般席卷全球，失业率高企不下，人们的生活水准日益下降。除此之外，“真实存在的资本主义”对环境造成了大规模的破坏，再加上全球人口不断膨胀，最终使得我们不得不面临无处逃避的全球性灾难。那么，您觉得文明能够最终抵御“真实存在的资本主义”的侵蚀而继续生存下去吗？

首先，我想说的是“真实存在的资本主义”这一说法在我脑子里分为何谓“真实存在”、何谓“资本主义”两个方面。美国是最重要的研究对象，这一点我想大家都会认同，原因很充分。“资本主义”这一概念本身过于模糊了，因而不能覆盖所有的可能性。通常情况下人们会用它来指代美国的经济制度，政府在其中进行了广泛的干预，从支持创意创新到针对银行推行“大而不倒”的政府保险政策。美国的经济制度具有高度垄断的特征，影响了市场作用的发挥。

值得关注的是，“真实存在的资本主义”正在大范围、大规模地偏离官方的“自由市场资本主义”。我们只举几个例子，在过去20年间，前两百家大企业的利润份额得到了快速提升，使得美国经济呈现出愈发强烈的寡头统治特征。这种状况直接削弱了市场的影响力，企业通过大量投放广告、对产品进行毫无意义的细分来避免价格战，广告也会削弱严格意义上的市场的作用，因为其理论基础是消费者
82 有可能获得充分的信息、有能力作出理性的购买决策。电脑和互联网，加上其它信息技术革命，数十年来基本由国家进行投入（包括研发投入、政府补贴、政府采购和其他扶持政策），然后才转移给私人企业，由企业加以调整和改造，以迎合市场需求、满足利润要求。政府制定并推行的保险政策让大银行获得了巨大的竞争优势，其每年的总规模，根据经济学家和商业媒体的预估，高达800亿美元。但是，

IMF新近发表的一份报告表明——引用商业媒体的原话——可能的情况是“美国这些最大的银行并不像大家想象的那么赚钱”，而且“它们口口声声地宣称为股东们创造的几十亿美金，基本上不过是美国纳税人送给他们的礼物而已”。

某种程度来说，上述提到的这一切都充分解释了你在问题中重点强调的当代资本主义对世界经济所造成的破坏性伤害。真实存在的资本主义民主制度——其英文缩写是RECD——与真正的民主制度在本质上是水火不相容的。在我看来，人类文明能够在“真实存在的资本主义”以及因其而变得日益虚弱的民主制度中得以维系的可能性实在是太低了。那么，有效运作的民主制度能够带来什么不一样的结果吗？设想并不真实存在的制度可能只是一种纯粹的思辨，但是我个人觉得这么做还是有必要的。“真实存在的资本主义”归根到底是人类自己创造出来的产物，我们当然可以对这种资本主义进行改造或者替代。

2014年9月，黑马克特出版社（Haymarket Books）将您从1969年到2013年间所写的论文集合成册，出版了《人类的主人》（*Masters of Mankind*）这本书。在这段漫长的时间内，世界已经发生了很大的变化，因此我想提给您的问题是：您对世界的看法有没有随着时间的推移而发生变化？如果有变化，是什么样的事件对您的政治观点产生关键性的影响？

随着时间的流逝，随着我对过去的了解的不断深入，随着正在不断发生的一切给我提供了更多关键信息，我对世界的理解当然发生了很大的变化。我真的无法明确指明究竟是哪一些关键的事件或者人物影响了我。我的思想有一个不断积累变化的过程，我接收到更多新信息，在对我过去不太能真正理解的事情有了重新认知之后，也在不断地重新审视这个世界。但是，我有一个一以贯之的观点：我们生存着的这个世界上，等级森严、随心所欲的权力始终是政治问题的核心，也是各种罪恶的渊薮。

83　在我们俩最近的一次交流中，我对我们这个赖以生存的星球的未来表达了强烈的悲观情绪。您的回应则是：“我能够理解你的感受，但是我觉得我们始终应该牢记一句话，那是我经常引用的《论语》中的一句话，它所描述的是‘君子’——也许就是孔夫子本人——的行为：‘知其不可而为之’。”情况真有那么不堪吗？

我们中没有人敢对此下断论。尽管如此，有一点可以确定，那就是，如果我们向绝望低头，那么最糟糕的情况一定会发生。如果我们决不放弃希望，决不放弃努力，也许能够创造出更加美好的世界。

要么绝望，要么乐观。我们别无选择。

第 二 部 分

特朗普时代的美国[①]

C. J. 波利赫罗纽：诺姆，我想先听听您对下述问题的看法：尽 87
管大众选票落后于对手，但是特朗普先生最终还是登上了美国总统的宝座。在这种情况下，如果说民主制度的每一个合法模式背后的核心准则是“一人一票”的话，那么在当今美国占据上风的又是哪种民主形式？我们该如何做才能彻底摆脱选举人团这一显然已经落后于时代的选举制度呢？

诺姆·乔姆斯基：选举人团原本是由在受过高等教育并且拥有一定社会特权的精英群体中精心挑选的成员组成的。他们本无必要完全迎合公众的舆论，在这一制度的缔造者心目中，所谓公众舆论并不值得重视。这种说法还是比较温和的。亚历山大·汉密尔顿（Alexander Hamilton）在确立美国宪法的总框架时曾经说过，“普通民众……很少能作出正确的判断或决策”，这样的看法在精英阶层当中普遍存在。还有那个臭名昭著的五分之三条款，该条款巩固了南方奴隶州的利益，给它们提供了额外的支持。考虑到这些奴隶州在美国政治和经济制度中所扮演的举足轻重的角色，这很显然是一个有着深远意义的议题。到了19世纪，美国的党派系统逐渐成型，选举人团制度也演变成能够折射出各州选票情况的一面镜子，而且由于该制度遵循最先达标原则，使得每次大选的最终结果通常都迥异于大众投票的结果，这一次我们也看到了同样的情况。如果真的能够废弃选举人团制度当然是一个很不错的结果，但是在当下推行的政治制度框架下，这样的提议基本上是不可能实现的。事实上，正如塞思·阿克曼（Seth Ackerman）发表在《雅各宾》杂志上的一篇耐人寻味的文章中所提到的那样，选举人团制度不过是美国政治制度走向倒退的诸多原因之一。如果拿欧洲人的标准来衡量，人们只会嗤之以鼻。

88 阿克曼的这篇文章着重分析的是美国政治制度中几个非常关键的固有缺陷：现实中起主导作用的组织并不是真正意义上由公众积极参与而形成的政党，而是由精英群体操控的推选候选人的机构。这样的机构其实就是操控着整个政治系统的商业党派的两个分支而已。这并不是一个脱离现实的看法。这些机构千方百计地保护自己不受竞争的损害，同时阻止由参与者自由联合而形成的政党的成长，这样的政党才是正常运转的民主制度的主体。除此之外，不断集中的个人和企业财富不仅在总统选举中而且在国会议员选举中发挥着至关重要的作用。托马斯·弗格森（Thomas Ferguson）对财富在总统竞选活动中的作用进行了详尽的描述。最近，弗格森、保罗·乔根森（Paul Jorgensen）和陈杰（Jie Chen）刚刚发表了一份关于国会议员选举的研究报告，揭示了几十年来候选人竞选活动花费与选举结果之间存在着令人惊叹的相关关系。政治学学术研究领域以此为课题也曾进行过许多深入的研究，尤其是马丁·吉伦斯（Martin Gilens）、本杰明·佩奇（Benjamin Page）和拉里·巴特利特（Larry Bartlett）等人的研究更是明确地指出，美国绝大部分民众的态度和意见根本得

① 最早发表在2017年1月6日的*Truthout*。

不到任何体现，完全无法被有效代表，因此对那些他们投票的候选人的决策压根就无法施加任何影响，最终所有的决策都几乎是位于收入和财富顶端的一小撮人所决定的。考虑到上述这些因素，选举人团制度尽管存在很多不容质疑的缺陷，但是其影响远不如其他因素那么大。

那么，这一次的总统选举在多大程度上会成为共和党和民主党各自历史上的分水岭？

就奥巴马担任美国总统的这8年来看，共和党几乎都没有资格被视为一个标准意义上的政党。为秉持保守立场的美国企业研究所（AEI）工作的受人尊重的政治分析师托马斯·曼（Thomas Mann）和诺曼·奥恩斯坦（Norman Ornstein）曾经对共和党作出了在我看来算得上是最精确的描述：这个政党已经演变成为一个“极具反叛特征的奇葩——他们在意识形态方面抱持一种极端的态度；对其所承继的主导社会和经济政策的政权总是持有强烈的蔑视态度；不屑于作出任何妥协；不听规劝，对事实、证据和科学缺乏基本理解；无端地轻视政治对手的合法存在”。这个政党所秉承的指导原则是，不管奥巴马想要做什么，我们的应对方法只有一个，那就是反对反对再反对，而且拒绝提供任何合理的替代方案。他们的目的似乎只有一个，就是让这个国家永远处于不可治理的状态，这样他们作为反叛分子可以趁机夺回政权、执掌国家。他们对平价医疗法案采取儿戏般的态度，这很能说明问题：通过一轮又一轮的无休止的投票来试图否决这一法案，而自己却从来没有提出过任何一个具体方案。与此同时，这一政党内部也呈现出逐步分裂的迹象，主要分为两个阵营，一方是富裕的拥有特权的“建制派”，他们为了自己阶层的利益 89
而全力以赴，另一方则是普通民众阶层，而后者之所以能够形成气候并得到发展，完全是因为很多时候那些致力于富裕和特权阶层的利益的“建制派”做得太过分了，因而无法从普通选民那里获得选票。“建制派”不得不另辟蹊径，去鼓动那些一直存在但又从未真正地组织成一股政治力量的群体：由基督教福音派教徒——这一派教徒在美国民众中所占比例非常高——组成的奇怪组合，包括本土主义者，白人利益至上主义者，过去这些年美国一直推行的新自由主义政策的牺牲品即白人工人和中低收入阶层，还有一些总是处于恐惧和愤怒情绪中的人，他们被新自由主义经济浪潮远远地抛在了后头，同时又深切地感到自己坚守的传统文化正在受到猛烈冲击。在这一次的总统初选过程中，那些来自于底层的候选人，包括米歇尔·巴赫曼（Michele Bachmann）、赫尔曼·凯恩（Herman Cain）、里克·桑托勒姆（Rick Santorum），还有其他一些人，他们的立场如此激进，以至于成了“建制派”的眼中钉肉中刺，因此后者利用手中掌握着的取之不尽用之不竭的资源，像扫除瘟疫一样扫除掉了这些人，把自己看重的候选人推上台。2016年所发生的一切之所以如此不同于以往，并让人大跌眼镜，完全是因为这一次“建制派”的惯用手段再也不能奏效了。

时至今日，这一政党正在面临一个全新的任务，那就是制定出切实可行的政策，而不是一味地反对。共和党必须找到有效的方法，制定出平衡的政策，一方面适当安抚普通选民或者将其边缘化，一方面服务好支持“建制派”的核心选民。特朗普所挑选的紧密的合作伙伴和内阁成员都来自“建制派”，而不是其时刻挂在嘴边的煤矿工人、钢铁厂工人、小企业主，也不是为特朗普基础选民的关切和要求而大声疾呼的代表。

民主党也需要直面这样一个现实，那就是，40年来该党早就彻底背弃了他们当年信誓旦旦作出的为劳动人民服务的誓言和承诺。令人震惊的是，民主党的所作所为已经背离当年罗斯福新政时期的初心和使命，背离到工人们竟然开始将选票投给他们的对手，而不是罗斯福所在的政党了。桑德斯的竞选运动并未遵循仰仗金钱和大企业的常规竞选套路，却获得了巨大的成功，这一现象充分表明美国还是很有可能重返某种形式的社会民主制度的。大家需要牢记的一点是，桑德斯所推动的“政治革命”，尽管符合当下时代的形势，但是如果放在德威特·艾森豪威尔总统那个年代，也并不会令他感到意外，这从另一个侧面反映出民主党在新自由主义时代发生了多么严重的右移。

如果民主党真的希望自己成为一支建设性的政治力量，那么它就必须致力于发展自身，令人信服地解决当初为奥巴马投票的那些人的关切和需求。这些人当初被奥巴马所倡导的“希望和变革”计
划深深打动，但随后又因为眼看着希望变成泡影、变革并未发生，反 90
而被那个宣称要帮助他们夺回失去的一切的骗子给蛊惑到了对方阵营中去了。民主党需要真诚地直面这个国家的各种痼疾，去深入地了解所有民众的需求，包括民主党过去的核心选民群体即工人阶级，也包括居住在路易斯安那海湾的那些人，关于后者，阿莉·霍克希尔德（Arile Hochschild）也进行过敏锐的研究和深刻的洞察。这个国家的各种痼疾早就以各种方式呈现在了人们面前，不仅仅是美国的死亡率在不断上升这样一个令人瞠目结舌的事实——除非是发生巨大的天灾，否则在工业化、民主化的现代社会是不可能发生死亡率上升的现象的。美国当下有一种现象在中年白人群体中表现得特别明显，其背后根源主要可以追溯到所谓的“绝望症”（吸毒、酗酒、自杀等）。《经济学人》发表的一份统计报告指出，这些跟健康相关的指标与共和党在2016选举年中超出民主党43%选票这一惊人现象之间有着重要的相关关系，而且，即便根据不同的人种、教育背景、年龄、

性别、收入程度、婚姻关系、移民状态和在职情况等指标来划分，这一关联关系也是非常显著的，带有很强的预测性。这一切都充分表明，这个社会确实存在着正在崩塌的严重迹象，尤其是在乡村和工人阶级聚居的区域。在美国历史上，有一部分民众的权利一直被剥夺，地位一直受压迫，需求一直得不到满足。今后民主党有必要采取有效措施，让他们的权利得到尊重，地位得到保护，需求得到满足。

完成这样的任务并非轻而易举，但也不是遥不可及。如果民主党做不到的话，那么未来一定会被其他政党替代掉。这样的政党源自民众运动，其所采取的理念和措施完全不同于选举政治。不止于此，一切有识之士都深知，就算只是为了一般地生存下去，我们也必须对整个社会和政治制度进行脱胎换骨的变革。对此，我深表认同。对于他们来说，这样的变革任重道远，必须发挥实干和担当精神。

特朗普内阁充斥着金融界和商业界的大佬以及来自军队的领导人。这样的选择标准很显然背离了在竞选时口口声声承诺的“抽干泥潭”原则。考虑到华盛顿“建制派”们所规划的未来以及美国民主制度自身的未来，我们对这个夸夸其谈、装腔作势、自大自狂的民粹主义者究竟应该抱有什么样的希望呢？

在这方面——注意其权威性——2016年12月26日《时代周刊》的报道很不错：“尽管自己的支持者中有人出来反对，但是特朗普最
91 终还是决定要全面拥抱那些在华盛顿泥潭中浸淫了很久的官僚群体，这一做法给首都的政治圈传递了一个积极信号，使得他们如释重负。和候任总统交接团队关系密切的一位共和党策略咨询顾问也指出，‘这一点表明他在管理我们这个国家时最终还是会表现得像一个正常的共和党人’。”

这样的说法当然是有道理的。至少商业人士和投资者都认同。

选举一结束，美国股市就急速上扬，其中引领上涨趋势的恰恰是高盛集团，特朗普在选举过程中大肆鞭挞过这个金融大鳄，在演讲中指名道姓地称之为罪魁祸首。根据彭博社的报道，“该公司的股价不断上扬”，光是选举结束后的那一个月就累计上涨了30%，“这很显然是道琼斯工业平均指数最终超越20 000点的主要驱动力”。高盛如日中天的股市表现在很大程度上是因为特朗普还要仰仗这个恶魔来帮助运作美国经济，使之受益于特朗普允诺的政府管制的放松。没有人关心这样有可能为下一次金融危机（以及用纳税人的税收来拯救这些金融大鳄）埋下祸根。因为特朗普将要推行的政策而大大获益的还有能源公司、医疗保险公司和建筑公司，所有这些商业巨头都希望从政府公布的计划中赚得盆满钵满。政府的计划中包括了体现保罗·瑞安（Paul Ryan）风格的为富人和企业大幅度减税的财政计划，增加军事预算，不顾后果地将整个医疗保险制度更大程度地向保险公司倾斜，通过借贷委托私人公司进行基础设施建设然后用纳税人的钱来还债，以及其他种种用纳税人税收给富人和特权阶层发放“正常的共和党式的”大礼包。经济学家拉里·萨默斯（Larry Summers）令人信服地指出，这样的财政计划是“美国历史上最错误的税收改革措施，只能让收入水平最高的1%的人群大大地受益，只能让联邦政府的债务呈现爆炸性增长、带来严重危害，只能让美国的税法变得极其复杂和混乱，而在刺激经济增长方面收效甚微”。

但是，对于那些真正能够从中得益的人来说，这不啻为福从天降。

当然，即便是在企业层面，也并不是家家都能获益的，其中有一些还会因此而受到伤害。从11月8日开始，在奥巴马领导下销量曾经翻番的枪支销售就呈现出急速下滑的趋势，这背后的原因可能大家已经意识到了，新政府不再会强制回收我们为了保护自己不受联邦政府攻击而主动购置的具有强攻击性的枪支和其他一些致命武器，这样原先的恐惧就减轻了很多。在民调结果表明希拉里可能领先的那段时期，枪支销量一直在急速攀升，但是当选举结果尘埃落定之后，根据《金融时报》的报道，“诸如史密斯威森和斯图姆鲁格这些枪支制造商的股价都呈现跳水趋势”。等到12月的时候，“这两家公司的股价和选举刚开始时期相比已经分别下降了24%和17%”。但是对于这个行业总体而言，也不全是坏消息。就像其中一个行业
92 发言人所解释的那样，“总体来看，美国消费者的枪支消费量比世界上其他所有国家的消费量加总起来还要大。这实在是一个极大的市场”。

特朗普最终选定了持激进立场的财政政策鹰派成员米克·马尔瓦尼（Mick Mulvaney）来掌管美国行政管理和预算局，该决定在共和党内获得了普遍支持，但是这一决定却不由得让人产生这样的疑问：一个财政政策方面的鹰派成员如何能管理好旨在大规模提高财政赤字的预算呢？也许，在一个“后事实”的世界里，这些都已经无关紧要了。

同样得到“正常的共和党人”支持的任命还有一直坚守反劳工立场的安迪·普兹德（Andy Puzder），由他来担任美国的劳工部长。这背后照样存在着矛盾之处。普兹德曾经担任过一家连锁餐厅的首席执行官，是个超级富豪，他曾经大量雇佣最容易受到盘剥的非工会劳动力。这些整日里干着苦活脏活累活的工人多半是移民，这些移民因为美国政府可能推行将他们驱逐出境的计划而惶惶不可终日。美国即将实施的基建计划也面临同样的问题；那些希望通过这些计划而赚取高额利润的私人企业事实上都需要大量移民作为劳动力。当然，这样的问题我们或许可以通过重新设计那座“壮观的高墙”来解决，使之只把穆斯林人群（而不把其他移民）挡在外面。

那么，这一切是否就意味着身为美国第四十五任总统的特朗普将会是一个“正常的”共和党人呢？

在我们刚才讨论到的那些问题上，特朗普确实证明了他很快地变成了一个正常的共和党人，只是仍然偏向极端那一边而已。但是，在另一些方面，如果正常的定义是指类似主流“建制派”共和党人所表现出来的特质的话，那么他很可能还不能算是一个正常的共和党人。在主流“建制派”共和党人中，一个比较典型的代表就是米特·罗姆尼（Mitt Romney），也是特朗普经常出人意料地以其最擅长的独特方式加以嘲讽和羞辱的对象之一。特朗普嘲讽的对象还有麦凯恩（McCain）以及其他可以被定义为主流“建制派”的共和党人。让人们感到受到攻击并因此引发担忧的不仅是他的风格，还有他的行动。

就举两个我们大家都最关注的问题，也是人类在地球上生存的短暂历史上所面临的各种问题中最重要、最有影响力的两个问题，将深刻地影响到人类这个物种是否还能继续生存下去：核战争和全球变暖。当特朗普发推文，言辞凿凿地声称“美国必须加强和扩展其核武器能力，直到整个世界都能够理解核武器的威力为止”的时候，许多“正常的共和党人”，包括那些真正为我们这个物种的命运担忧的人都感到后背发凉。扩展核武器能力意味着美国把大规模削减核武器的协议和承诺都抛到九霄云外，那些清醒的政治分析师们曾经抱着很大的希望，向往着有朝一日世界上的核武器能够得到进一步的控制，甚至被彻底销毁。这一倡议也得到了很多正常的共和党人的支持，比如亨利·基辛格和里根时代的国务卿乔治·舒尔茨的支持， 93
甚至在某些特定时刻连里根总统本人也支持削减核武器。特朗普后来在接受电视节目《早安，乔》的主持人采访时还强调说：“让我们开始一场军备竞赛吧。我们会在每一个领域、每一个环节都大大地超越我们的对手。”这一切更是让人们的担忧有增无减。他的白宫团队后来曾经试图向众人澄清说，唐纳德其实并没有说过类似的话，但是很显然，这样的事后补救并不能真正地消除大家心头的阴云。

后来，有人指出特朗普的这些话其实是对普京言论作出的反应，后者曾经说：“我们需要提升具有战略意义的核武器的军事潜能，尤其是现在又出现了能够精确地穿透任何一种现存导弹防御系统的导弹综合体。我们必须小心谨慎地监控各国力量平衡方面产生了什么变化，以及当今世界，尤其是俄罗斯边境的政治军事状况产生了什么变化。我们必须快速作出反应，确保我们的国家免受外部威胁。”就算特朗普是有感而发，但是大家的担忧仍然难以平息。

不管你如何研究上述言论，你都会看出其中的防御性质，正如普京反复强调的那样，这些话在很大程度上是针对美国的明显的挑衅行为所作出的回应，美国以防御那些根本不存在的伊朗武器为借口，在俄罗斯边境布防了一系列导弹防御系统。特朗普的推文折射出的信号是，如果他发现有人冒犯他的话，他会作出什么样的反应，举例来说，有些对手在面对特朗普所炫耀的高超谈判技巧的时候如果表现出不情愿、不耐烦的态度的话，就算是对他的冒犯。特朗普的言辞大大加剧了民众的忧虑。如果过去发生的一切确实具有一定的指导意义的话，那么特朗普很可能发现自己不得不面临这样的窘境，那就是，他需要在很短几分钟内快速地决定是否要将整个世界炸个粉碎。

另一个至关重要的议题是环境灾难。有一点无论强调多少次都不为过，那就是，特朗普在2016年11月8日所取得的胜利不是一个，而是两个：对他而言，凭借着选举人团制度登上总统宝座只是其中意义没有那么重要的一个胜利，更重要也更伟大的胜利是马拉喀什大捷。当时全球二百多个国家集聚该地，致力于进一步落实为解决气候变化带来的各种问题而签订的《巴黎协定》所明确的各项承诺。

而就在选举当天举行的马拉喀什大会上，世界气象组织发表了一份关于人类世现状的报告，其中充满了令人惊恐的内容。随着美国大选结果的逐渐明朗，与会者目瞪口呆地看着最终的结果，几乎完全忘记了大会的正常日程。一想到世界历史上最强大的国家马上就会退出《巴黎协定》，大家不禁忧心忡忡，不知道未来究竟会发生什么。还有一点，也是怎么强调也不为过的，那就是，整个世界转而开始将所有的拯救的希望寄托在中国身上，与此同时，那个自由世界的领导者却站在一架支离破碎的机器边袖手旁观，这可真是一个令人瞠目结舌的怪诞景象。

同样令人感到诧异的是，大多数人对这些咄咄怪事都采取漠然的态度，不过我们也不可否认，即便是在“建制派”内，也还是有一批人对此作出了响应。瓦伦·西瓦拉姆（Varun Sivaram）和萨加托姆·萨哈（Sagatom Saha）就曾经在《外交事务》上撰文警告大家，要
时刻警惕美国“将解决气候问题的领导地位拱手让给中国”所付出 94
的惨重代价，要时刻提醒自己中国“之所以愿意在这个时候领导气候变化这一议题的讨论，只不过是因为这么做可以进一步增加其本国利益而已”——在这一点上中国和一向秉承利他理念的美国截然不同，后者一向愿意为了全人类的共同利益而无私地奉献。

我们该如何来理解特朗普领导整个世界向深渊挺进的意图呢？这一点可以从他对几个内阁成员的任命上窥见一斑：他选择了两个竭力否定气候变化理论的斗士，迈伦·埃贝尔（Myron Ebell）和斯科特·普鲁伊特（Scott Pruitt），来负责撤销在理查德·尼克松担任总统时期设立的环保总署。他还选了另一个气候变化理论的否定者来担任内务部主管。

但这一切似乎还仅仅是开端而已。即便人们从特朗普对内阁成员的任命中发现不了什么深意的话，也会觉得很好笑。以能源部为

例，被提拔为主管的是一个曾经说过这样的部门应该被撤销（当时他似乎还能记得起这个部门的名称）的家伙，而且他很可能根本就没有意识到这个部门真正应该关注的是核武器。说到教育部，其新主管则是另一个亿万富翁，名叫贝齐·德沃斯（Betsy DeVos），她毕生都致力于削弱甚至废除公立学校制度，而且这个人，正如劳伦斯·克劳斯（Lawrence Krause）在《纽约客》上撰文提醒我们的那样，是一个隶属于新教教区的基督教基要主义者，其所秉承的观念是："所有的科学原理都需要遵循《圣经》的教义"，而且"人类是根据上帝的形象创造出来的；所有试图无视这一事实的理论，所有否定上帝创世活动的进化论，都应该被抛弃"。也许这个部门应该向那些积极赞助瓦哈比教派宗教学校的沙特金主寻求资金支持，支持该部门有效运转。

在今天的共和党成员中占有很大比例的福音派教徒认同特朗普的立场，对特朗普任命德沃斯担任教育部长举双手赞成。她和副总统迈克·彭斯（Mike Pence）能够紧密合作，因为后者是"一名战士，与其他战士一起组成了一个邪恶而又狂热的小集团，他们孜孜以求的是在美国推行由基督徒中的激进分子统治的神权政治"。这是杰里米·斯卡希尔（Jeremy Scahill）在美国调查新闻网站"截距"（*Intercept*）上对彭斯在宗教信仰方面的细节性描述，他同时也回顾了彭斯在其他问题上的惊人立场。

因此，这样的例子层出不穷，一个接一个。但是，我们大家也不必过于焦虑。正如当年詹姆斯·麦迪逊（James Madison）在设定美国宪法的框架时多次向其同伴确保的那样，一个共和国必然能够"从该社会的民众中汲取其所蕴含的最纯真、最高尚的品性"。

您会如何评价国务卿雷克斯·蒂勒森（Rex Tillerson）这个

人选？

在我看来，在上述那些令人忧虑的内阁成员任命中，由埃克森美孚董事长兼首席执行官雷克斯·蒂勒森担任美国国务卿是一个例外，这是唯一一个让大家觉得还算正常的决定。这一任命也让那些因为担忧新一届政府和俄罗斯之间的关系可能会变得愈发紧张甚至面临 95
极度可怕局面的群体略微松了一口气，帮他们燃起了一点希望。就像特朗普在宣布该任命时所表达的那样，蒂勒森上任之后也一直身体力行，那就是，尽量通过外交手段而不是对抗来解决各种冲突。这一切乍听上去真的让人感到宽心，但是当我们想起太阳光线周边的一圈阴影时也就没有那么乐观了。千万别忘了，真正驱动蒂勒森采取这种态度的动机是，只有这样才能让埃克森美孚更大程度地攫取广袤无边的西伯利亚的油田资源，才能让特朗普及其同伙加上整个共和党致力于实现如下目标：以一种加速度把人类引向灾难之乡。

对于特朗普的国土安全部门成员，您有什么看法，您认为他们符合常态化的共和党人的标准吗？还是说他们只是极端右翼分子的组成部分而已？

正常的共和党人对特朗普任命的国土安全部门的官员采取模棱两可的态度。这个部门的主管是曾经担任过国土安全顾问的迈克尔·弗林（Michael Flynn）将军，他是一个极端的“恐伊”分子，他曾经宣称说，伊斯兰不是一种宗教，而只是一种政治意识形态，和当年的法西斯主义有着同样的特质，这种意识形态是我们的死敌，因此为了更好地保护自己，我们甚至需要与整个伊斯兰世界作斗争。一旦这样，必将激发出更多恐怖主义分子，更不用说会给整个人类造成超乎想象的灾难性后果。弗林强调说，就像早些年的红色威胁那样，当今伊斯兰的意识形态正在渗透进美国社会的骨髓。而在这种现象背后推波助澜的恰恰是民主党，民主党通过投票手段要求在佛罗里达州推行伊斯兰教教法。当年乔·麦卡锡（Joe McCarthy）曾经以令人难忘的方式告诉美国公众共产主义是如何得到当年的民主党人的暗中支持的。弗林在圣安东尼奥发表演讲时曾经警告人们说，事实上，“在整个美国，类似佛州的案例已经超过了100个”，包括得州为了更好地抵御眼下的威胁，弗林亲自担任了“ACT!”组织的董事会成员，该组织致力于推动各州通过法令禁止在本州推行伊斯兰教教法，因为后者在诸如俄克拉何马州之类的区域显然已经成了一种实实在在的威胁，在那个州，高达70%的选民赞成推行法令来阻止法院通过那些最终会对我们的司法系统造成极大威胁的法令。

国土安全部门的二把手是国防部部长詹姆斯·“疯狗”·马蒂斯（James “Mad Dog” Mattis）将军，他被认为没有弗林那么偏激，比较温和。“疯狗”曾经说过“开枪杀人是很有趣的”。他之所以会被冠以这样一个绰号，是因为他曾经在2004年11月领导了对费卢杰地区的进攻，这也是美国入侵伊拉克之后在当地所犯下的最惨无人道的罪行之一。而根据候任总统特朗普本人的说法，“疯狗”是一个“伟大的人”，是“我们当今能找到的最接近乔治·巴顿（George Patton）将军的人”。

在您看来，特朗普是否敢于与中国展开正面冲突？

96 这个可真不好说。有很多人已经开始担忧特朗普对中国所表现出来的态度。他对中国有着非常矛盾的心理，尤其是他的贸易政策。在当下企业全球化程度很高、国际供应链很复杂的体系中，特朗普推出的很多政策都毫无意义。在他和台湾地区领导人通过电话之后，大家因为他在这件事上出人意料地背离美国一直遵循的政策而感到惊诧莫名，他却暗示说，除非中国愿意接受他提出的贸易条件，否则美国很可能会拒绝中国在台湾问题上的关切。此言一出，舆论更是一片哗然。就像商业媒体警示大家的那样，这样的做法是将贸易政策“与一个涉及重要权力的政治问题挂钩，而面对这样重要的问题中国可能不惜一战”。

对于中东局势，特朗普所持有的观点和立场又是如何？在我看来，与正常的共和党人并无二致，是这样吗？

不同于上文提到的中国问题，正常的共和党人似乎并没有因为特朗普针对中东外交政策所发的推文而感到困扰，尽管这些推文再一次违背了正常的外交原则，甚至还直接要求奥巴马投票否决联合国安理会第2334号决议，该决议重申：

> 以色列在巴勒斯坦和从1967年后侵占的其他阿拉伯领土上建立定居地的政策和做法并没有任何法律依据，是中东地区维持全面、公正和长期和平的进程的严重阻碍，因此我们再一次强烈呼吁正在以武力侵占该地区的以色列毫无保留地遵守1949年的日内瓦第四公约，撤销以往的做法，不再采取任何行动改变自1967年以来所占领的阿拉伯领土包括耶路撒冷的法律状态，以及地理自然环境包括这片领土上居住着的人口的构成状况。而且，需要特别提出的是，以色列也不能将自己境内的平民迁移进被其占领了的阿拉伯领土。

特朗普告诉以色列说，以色列完全可以彻底无视美国那个已经变成了跛脚鸭的行政当局，只要再等几天，等到1月20日，一切就会尘埃落定，就会恢复正常秩序。对于这种表态，正常的共和党人显然并没有谁站出来加以反对。特朗普所说的正常秩序是什么？所有这一切显然还需要我们耐心等待事态的进一步发展。因为特朗普具有不可预测的特性,所以我们需要采取谨慎的态度。

至今为止,我们只知道特朗普积极支持以色列境内宗教意味极强的极右翼势力,也支持其定居计划。在他个人的慈善捐款中,数额最高的是给伯特利人赠送的礼物,目的是帮助这些人尽快在西岸定居下来。当然这些礼物都被冠以向戴维·弗里德曼(David Friedman)致敬的名义,弗里德曼后来被特朗普任命为美国驻以色列大使。弗里德曼本人现在担任伯特利人美国之友协会的主席。这
97 一定居计划,可以算得上是最富宗教意味的民族至上主义者积极推行的最极端的一种定居运动,同时也得到了特朗普的女婿贾里德·库什纳(Jared Kushner)家族的大力支持。众所周知,库什纳本人就是特朗普所有政策顾问中关系最为紧密的一个。根据以色列媒体的报道,库什纳家族捐款的主要受益者之一“是由一个军中拉比所领导的犹太高等学校,这个拉比经常鼓励以色列军人对上级要求他们从定居点撤走的命令不予理睬,而且也正是这个拉比断言说,人的同性恋倾向跟人所吃的某种食物有关”。库什纳家族捐款的其他受益人还包括“伊扎尔地区的一家激进犹太高等学校,该学校完全是向巴勒斯坦人村庄和以色列安保部队发动暴力攻击的根据地”。

弗里德曼根本不知道整个世界正在发生什么,他压根儿就不觉得以色列推行的这一定居计划是完全不合法的,对阻止在西岸地区和东耶路撒冷建造犹太人定居点的禁令不以为然,横加反对。事实上,他特别乐意见到以色列最终将西岸彻底并吞为自己的领地。根据弗里德曼自己的解释,由于生活在西岸的巴勒斯坦人的数量被夸大了,一旦并吞完成,大量犹太人仍然能够继续在那块土地上生存,根本不用挪窝,所以最终的结果对于以色列这个犹太人国家来说并不会造成什么大的问题。在一个后事实的世界里,这样的宣称显然

有一定的合法性，但是只有在一次新的大规模驱逐发生之后事实的真相才能大白于天下。根据弗里德曼的解释，支持就两国和解方案所达成的国际共识的犹太人不是犯了一般的错误，而是“比‘二战’时期的卡波什更糟糕”。他在这里之所以提到卡波什，是因为当年在这个犹太人集中营中，部分犹太人为了更好地服务于他们的纳粹主子而积极主动地管理起自己的狱友们来，这实在是对犹太人的最大侮辱和冒犯。

弗里德曼在听到关于他的任命的报道后马上表示，他期望能够将美国驻以色列大使馆搬到“以色列的永久首都耶路撒冷”去，这一做法显然完全应和了特朗普亲口宣布过的计划。过去，不是没有人提过这样的建议，但每一次都被中途放弃了，现在看来这一计划似乎真的会变成事实，这样的进展正如特朗普的国土安全顾问们一直以来倡导的那样，也许会加速和整个穆斯林世界开战的可能性。

让我们回到联合国安理会第2334号决议，回到该决议所引发的耐人寻味的后果。我们必须看到该决议压根就没有什么新鲜内容。上文引用的那段话并不是来自第2334号决议，而是来自1979年3月12日通过的联合国安理会第446号决议，只不过是在第2334号决议中再次重申了一遍而已。联合国安理会第446号决议最终以12比0的票数通过，美国、英国和挪威当时选择了弃权。之后，联合国安理会为了进一步强调第446号决议，还通过了一系列的附加决议。其中一个特别值得我们关注的，其语气甚至比第446号以及第2334号决议更为强硬，它呼吁以色列“彻底解散现存的所有定居点”（1980年3月通过的联合国安理会第465号决议）。这一决议当时是以全票通过的，而且没有任何国家弃权。

事实上，以色列政府根本就不需要等着联合国安理会（包括最 98
近的国际法院）通过什么决议来告诉他们，其所设定的定居点赤裸裸地违背了国际法的规定。1967年9月，离以色列通过战争收复原先被占领的那些领土只有几个星期，担任该国外交部法律顾问、在国际法领域享有盛誉的西奥多·梅龙（Theodor Meron）大律师就通过一份绝密文件告知以色列政府说："在受托管理的领地（以色列政府对该被侵领土的称呼）安置平民彻底违背了日内瓦第四公约所明确制定的条款。"梅龙进一步解释说，不能在被侵占的领地安置迁移定居者的禁令"是需要无条件遵循的，并不会基于迁居的动机或者对象的不同而有所不同。该禁令的目的是为了防止处于占领地位的国家在这些被侵占的领土上安置平民"。因此，梅龙在该报告中向以色列当局建议说："如果政府下定决心要在受托管理的领地上设置犹太人定居点的话——在我看来这是至关重要的——那么这一定居计划应该由军队而不是民间主体来执行。另一点在我看来同样重要，那就是，这样的定居点应该根据营地的框架和模式加以推广，而且至少从表面上看要让人觉得这是一种暂时的做法，而不是永久性的安排。"

很显然，以色列政府后来确实听从了梅龙的建议。定居点通常会披上梅龙建议的伪装。随着时间的推移，这些地区从一开始的"暂时的军队安置点"逐步演变成为后来的平民定居点。这种军队安置点的伪装手段同时还能够为最终将巴勒斯坦人从这片土地上驱赶出去提供一个极佳的借口，因为这是一个军事区域，所以不能让任何平民进入。所有的伪装和欺骗都通过了精心的事先规划，等到梅龙这份权威报告送到政府手中的那一瞬间，真正的行动就开始静悄悄地启动了。以色列学者阿维·拉兹（Avi Raz）在1967年9月对这一进程进行了详尽的记录：

第二个平民定居点最终在西岸落定的那一天，政府就决定

> “为了达成为以色列外交活动提供‘掩盖借口’的目的”，这些全新的定居点需要以军队安置点的形式呈现在世人面前，而且需要事先给那些定居者提供一些必要的指令，防备他们在被问到定居的事实时说漏了嘴。外交部给自己设定的外交使命就是，将这些在侵占领域设定的定居点界定为军事方面的“据点”，并且时刻强调其作为所谓安全措施的重要性。

至今为止，以色列政府仍然在沿用这些手法。

安理会在1979至1980年间要求以色列彻底解散已经存在的定
居点，并且允诺不再建立新的定居点，但是以色列对此的回应是大大
加速定居点的扩张进程。这背后除了仰仗其国内两大政党——工党 99
和利库德集团——的积极配合之外，总是离不开美国在物资上的慷
慨援助。

当下发生的一切与以往情形之间的最主要的差别在于美国如今变成了孤家寡人，美国是目前世界上唯一一个始终站在以色列一边对抗整个世界的国家。整个世界和过去相比确实发生了天翻地覆的变化。以色列明目张胆地违背安理会决议，赤裸裸地违反国际法，如今和35年前相比显得变本加厉，因此引发了全世界的强烈谴责。第446号决议和第2334号决议所规定的具体内容如今在世界范围得到了普遍关注。引发全世界瞩目的还有美国国务卿约翰·克里（John Kerry）在对第2334号决议投出弃权票时所作的解释。在整个阿拉伯世界，其反应似乎更多的是沉默，其所隐含的意味是：这样的状况，我们过去也曾经经历过。欧洲世界对此决议普遍持赞成态度。相反，在美国和以色列，媒体进行了广泛的报道和讨论，民众的反应有很大的歇斯底里成分。这些反应进一步说明美国在整个世界舞台上处于越来越孤立的状态。在奥巴马执政期间，事已如此。而到了

特朗普时代，孤立状态很可能会进一步恶化。事实上，正如我们亲眼目睹的那样，在他正式入主白宫之前，事态已经开始恶化了。

那么，奥巴马为什么在他总统任期只剩下一个月的时候，选择对安理会决议投弃权票呢？

奥巴马为什么会投弃权票而不是直接投反对票，这背后的原因令人捉摸不透，我们也找不到直接的证据来加以解释。但是，各种猜测中有一些似乎还颇有道理。2011年2月，在联合国安理会发表决议呼吁美国切实执行其官方认可的政策的时候，奥巴马投了反对票，这一事件引起国内舆论一片哗然，争论不休。这一次，奥巴马也许意识到，如果他重复上一次的举动的话，很可能导致他在那些深切关注国际法和人权的人群中本就摇摇欲坠的形象和地位彻底崩塌。另一点也值得我们关注，即便不考虑国会议员，只考虑自由派民主党人，尤其是年轻人群体，他们对巴以关系的看法已经起了变化，开始向指责以色列近年来所推行的政策这个方向倾斜。因此，根据2016年12月布鲁金斯学会针对以色列定居点政策所做的民调结果，“由于以色列推行定居点计划，60%的民主党人支持对以色列进行制裁或者采取更严厉的行动”。直至今日，美国境内真正支持以色列政策的核心力量已经逐步迁移到了极右翼群体，包括共和党的福音派核心选民。或许是考虑到了这些因素，考虑到了自己的政治遗产，奥巴马才作出了弃权的决定。

100 2016年美国投下的这张弃权票一方面惹得以色列勃然大怒，另一方面又激怒了美国的国会议员，包括共和党议员和领头的民主党议员，美国人甚至提出不再向联合国提供资金，以此来报复其对世界犯下的罪行。以色列总理内塔尼亚胡（Netanyahu）公开指责奥巴马的这一行为是“暗戳戳的反以举动”。他的办公室则发表公开声明指控奥巴马和安理会的“打手们”“勾勾搭搭”，制造出一些鸡零狗碎的所谓“证据”，实在是连“病态幽默”的水准都够不上。一个以色列的高级别官员还指责说，美国这张弃权票“将奥巴马政权的真实面目展现在了世人面前”，指出“现在我们终于明白了过去8年间我们究竟在和一个什么样的家伙打交道”。

事实却是另一幅画面。公正而言，奥巴马对以色列提供的支持，无论是外交方面还是财政方面，都创下了历史纪录。要了解真相，最佳途径就是阅读一下《金融时报》中东问题专家戴维·加德纳(David Gardner)对此事件的详尽阐释：

> 奥巴马和内塔尼亚胡之间的个人交情也许在很多时候都让人觉得不够和谐，甚至有害于两国之间的关系，但是他是美国历任总统中最支持以色列的一个，这一点是不容置疑的：在他任上，美国给以色列提供的军事援助可以说是有史以来最慷慨大方的，在联合国安理会上则总是不断地用否决票来表明自己是以色列最可靠的同盟……唐纳德·特朗普从当选到现在，只不过是就美以关系和其他地缘政治问题发了一连串漩涡般的推文而已。但是，这一切却给人一种不祥的预感。一个坚守民族统一主义理念、同时向极右倾斜的以色列政府，如今又碰上一个坚守民粹主义理念、极端“恐伊”、喜欢喷火的华盛顿政府。

美国民众对奥巴马的决定和克里所作的解释的看法是分裂的。支持者通常比较认同托马斯·弗里德曼（Thomas Friedman）的看法：“以色列现在很显然已经开始走上了一条最终将西岸280万巴勒斯坦人彻底吸收的不归路……这会带来人口和民主方面的双重挑战。”马克斯·费希尔（Max Fisher）曾经在《纽约时报》上撰文评论奥巴马和克里为所谓两个国家的解决方案进行辩护这一决定，包括以色列推行的政策可能造成的人种毁灭的巨大威胁，他提出了一个极为尖锐的问题：“我们还能找到其他解决方案吗？”紧接着，他笔锋一转，开始讨论那些可能的选择，多数“只不过是所谓的一国方案的变种而已”，同样潜藏着“人口和民主方面的双重挑战”：太多的阿拉伯人——不久之后其所占比例会超越其他人种——聚居在一个“由犹太人掌控的民主国家中”。

中东事务评论员一如既往地假定存在两种选择：一是得到全世界普遍认同的两个国家解决方案，另一个是某种形式的“一国解决方案”。第三种可能一直被忽视，那就是以色列的选择，从1967年阿以战争以来，以色列一直在系统化地推动该计划，如今该计划已经成型了，完整地呈现在我们的眼前：一个大以色列，早晚会被彻底纳
101 入以色列设定的版图范围，包括比历史版图更大地扩展了的耶路撒冷（早就在违背安理会命令的基础上吞并了下来）和以色列认为有价值的其他领地。唯一不会被包括进来的是有大量巴勒斯坦人的聚集地，等到一切被纳入其领土范围之后，以色列就会慢慢地在那些按照规划应该被吸纳进大以色列范围的领地上推行将巴勒斯坦人彻底驱赶出去的行动。如同是身处于一个新殖民地，那些巴勒斯坦的精英群体们仍然可以居住在拉马拉，按照西方生活水准，尽情地享受生活，而其他“90%的西岸人口则居住在165个各自分散的‘孤岛’上，表面上似乎仍然处在巴勒斯坦政府的统治下”，但实际上却处在以色列的严格监管下。国际危机组织的高级分析师内森·思罗尔（Nathan Thrall）对此情形发表过非常翔实的研究报告。加沙地带还将会被以色列的军事力量团团围住，与西岸地带彻底隔离，这种做法显然彻底违背了《奥斯陆协定》的规定。

这第三种解决方案是戴维·加德纳所描述的“事实”的另一个组

成部分。

内塔尼亚胡曾经发表过一段耐人寻味、发人深省的评论，他说这个世界上的那些“打手国家”再次向世人证明了“旧世界对以色列一直持有偏见”，这种说法不由得让人联想起唐纳德·拉姆斯菲尔德(Donald Rumsfeld)在2003年提到的“旧欧洲”和“新欧洲”之间的差异。

大家可能还能回忆起来，拉姆斯菲尔德这里所说的“旧欧洲”就是指那些“坏蛋”，即欧洲的主要国家，他们竟敢以尊重国内大多数普通民众的意见为名公然拒绝和美国合作去入侵伊拉克。美国发动的这场战争可以算得上是本世纪美国犯下的最大罪行。至于“新欧洲”，则是指那些所谓“好人”，这些国家愿意为了对主子表示臣服而完全无视国内大多数人的想法。在这些令人尊敬的“好人”中，最值得推崇的恐怕就是西班牙的何塞·玛利亚·阿斯纳尔(Jose Maria Aznar)。尽管西班牙国内几乎所有民众都一致反对和美国一起发动对伊拉克的战争，但是阿斯纳尔仍然一意孤行，坚定地站在美国一边，最终其所获得的回报就是被邀请去同布什和布莱尔一起向伊拉克宣战。

上述一切惟妙惟肖地展示出了他们对民主制度的藐视，同时发生的还有很多事情，只不过没有得到关注而已，这也有情可原。当时的国际政治任务是竭力称颂华盛顿政府全心全意地推动民主制度的热情，赞不赞成在伊拉克“推广民主制度”突然成了一条划分敌我阵营的红线，而在此之前，美国错误地回答了那个“唯一的问题”——萨达姆会放弃大规模杀伤性武器吗？

内塔尼亚胡很显然采用了与之非常相近的标准。在他眼里，所谓旧世界就是那些对以色列抱有偏见的力量，也就是整个联合国安理会，或者更具体地说，就是世界上任何一个对国际法和人权仍然还

102 有一丝尊重的人。对于以色列的极右势力而言，值得庆幸的是，旧世界中并没有美国国会，而且，新当选的美国总统及其同伙也不包括在内，他们都是以色列的铁杆支持者。

以色列政府对事态的发展当然了如指掌。因此，他们开始逐步地将努力的重心转移到寻求那些专制的国家的支持，比如新加坡和莫迪领导的右翼民族主义国家印度。随着印度开始推行极端民族主义理念，推行倒退的内部政策，并且公然表达对伊斯兰世界的仇恨，印度如今也就很自然地发展成了以色列希望争取的同盟力量。若问以色列为什么要寻求这些国家的支持，我们可以引用特拉维夫国家安全研究中心首席研究员马克·赫勒（Mark Heller）的阐释：“长期来看，以色列与西欧各国和美国之间的关系会面临很多问题”，相对而言，那些重要的亚洲国家“则看起来并没有对以色列究竟如何处理和巴勒斯坦人、阿拉伯人或者其他一些团体之间的关系这一问题表现出什么兴趣”。简而言之，印度、新加坡和其他以色列更倾向于寻找的同盟力量受各种自由和人道主义关切的影响并不大，而这种关切却给以色列带来日益严重的挑战和威胁。

当今世界秩序究竟会朝着哪个方向发展值得我们关注。正如我们大家已经意识到的那样，美国和多年前相比已经变得越来越孤立了，连美国自己国内的民调结果——在美国国内并没有公开报道，但是华盛顿对这一结果显然心知肚明——都充分表明，国际舆论普遍认为美国是迄今为止全球和平的最大威胁力量，其他国家没有哪一个能够望其项背。在奥巴马的统治下，美国是唯一一个在联合国安理会通过反对以色列推行非法定居点的决议时投弃权票的国家，其他成员国对此均投了赞成票。一旦特朗普总统上台，他就和美国国会内部同样反对该决议的两党成员沆瀣一气，这会使得美国在全世界共同反对以色列所犯下的滔天罪行的时候变得愈发孤立。从11月

8日开始,美国就已经在涉及全球气候变暖这个最终会威胁到人类生命是否还能够继续下去的重要议题上和整个世界分道扬镳了。如果特朗普确实因为信守自己选举时给出的诺言而退出了和伊朗之间签订的协议,而到时候该协议的其他签字国很可能还会坚持原先的承诺,这样一来就会将美国进一步推到欧洲的对立面去。与过去相比,美国和拉丁美洲这个原先美国的“后院”之间的关系似乎也变得越来越疏远了,而如果特朗普真的从奥巴马任内推动的本就进展缓慢的美古(巴)关系正常化的进程中彻底抽身而退的话,那么美国就会被彻底地孤立于整个拉丁美洲世界之外。说到底,奥巴马之所以愿意恢复和古巴的正常关系,也是为了避免美国被彻底隔绝在南半球的各种组织之外,如果美国继续攻击古巴,使之与整个世界隔离,上述后果很难避免。

在亚洲所发生的一切其实和上述情形并没有太大差别,即便是那些原先和美国关系紧密的国家(除了日本之外),甚至包括英国,
如今都开始纷纷要求加入总部设在中国的亚洲基础设施投资银行以 103
及以中国为基础的区域全面经济伙伴关系协定(这一次日本也包括在内)。总部设在中国的上海合作组织(SCO)则吸引了许多中亚国家:有着广袤资源的西伯利亚、印度、巴基斯坦,不久后伊朗可能也会加入,甚至包括土耳其。SCO拒绝了美国希望以观察员身份加入的要求,当然,如果美国答应撤出设置在该组织成员国所属领域内的所有军事基地,其申请也是可以考虑的。

特朗普当选美国总统后不久就发生了一件令人感到不可思议的事情,那就是我们注意到,德国总理安格拉·默克尔率先向华盛顿宣讲自由价值观和人权理念。与此同时,从11月8日开始,整个世界都开始将目光转向中国,希望后者能够发挥领导作用,把地球从环境灾难中拯救出来,而美国则再一次被孤零零地抛在了一边,因为美国的

目标不是拯救而是破坏。

当然,美国也不是完全被整个世界孤立。正如大家对特朗普通过选举人团制度获得大选胜利之后的反应所清楚展示出来的那样,美国对欧洲现存的排外的极右思潮,包括新纳粹主义,始终抱持积极支持的态度。拉丁美洲部分地区右翼势力的重新崛起也给了美国很多机会,美国可以在那里重新寻找新的同盟力量。而且,美国还和海湾国家以及埃及的独裁政权保持着非常紧密的同盟关系,和以色列的关系也依然坚固,而后者同样因为自己推行的政策而和欧洲那些更自由、更民主的力量形同水火。只有那些不认为以色列的行为是触犯了国际法,不关心以色列是否践踏了基本人权的专制独裁政权才能讨以色列的欢心,才能与以色列建立和发展关系。

事态的发展显示一个新世界秩序正在形成,该秩序完全超出了旧的观念体系所给出的想象和描述。

共和党的根基已然开始“失控”[①]

C. J. 波利赫罗纽：诺姆，在最近这段时间里，或许是因为更多令 105
人无法容忍的政治人物纷纷涌进了美国的政治圈，我们目睹了美国政治领域发生了很多令人感到不可思议的变化，比如共和党总统候选人竟然开始攻击“自由贸易”协议了，而像唐纳德·特朗普这样的候选人甚至开始攻击他的亿万富翁俱乐部的同伴。您觉得我们正在见证美国政治中那些旧时代的经济“建制派”们逐步走向末路吗？

诺姆·乔姆斯基：2016年的选举，整体而言确实呈现出了一些新的特点，但并不是体现在你所提到的现象上：令旧时代的“建制派”胆战心惊的候选人纷纷冒头。那种现象在过往的历史上也会时不时地冒出来。其根源可以向上追溯到新自由主义年代，从那时起两党都开始向右偏移，而共和党向右走得太远了，以至于不再能够争取到足够的选票了，因为他们推行的政策纯粹是为极少数富裕人群和企业利益服务。迫于这样的形势，共和党的领导层也不得不采取必要的对应措施，提出一些无关痛痒的次要性问题来鼓动和吸引其大众选民，这些议题包括：基督是否会复临、学校内是否可以公开持枪、奥巴马是否是穆斯林出身、弱势和受伤害群体是否应该遭到谴责，以及其他一些我们耳熟能详的话题。共和党的大众选民经常会推出基本上不可能被"建制派"接纳的候选人，比如巴赫曼、凯恩、桑托勒姆和哈克比等。"建制派"们总是能够以惯常的手段来干掉上述这些候选人，然后推举上自己心仪的人选（米特·罗姆尼）。而这一次的大
106 选与以往真正不同的是，共和党的选民根基彻底失控了，惹得"建制派"也几乎完全丧失了理智。

我们当然不能把这种类比关系推演得太远，但是这一现象也并非闻所未闻。当年的德国工业家和金融家们也曾经自鸣得意地利用纳粹这一有力武器来对抗工人阶级和左翼力量，认为这一武器是永远不会失控的。但是，后来发生的一切都充分地证明了事与愿违这一规律。

抛开所有这一切不谈，还有一个现象值得关注，那就是，整个西方世界的主流政党力量都在不断衰退，右翼和左翼（尽管在实际运作过程中，这里的"左翼"指的是相对温和的社会民主派）的政治反叛力量都在不断崛起。对于这一发展趋势，美国很显然也并不能规避。这一趋势是新自由主义政策发展到一定程度的必然结果，因为这样的政策破坏了民主制度，给大多数人特别是弱势群体带来了严重伤害。当然，所有这一切都显得似曾相识。

现在看起来，那些拥有很大影响力的持保守立场的政治献金者，比如科赫兄弟，正在和共和党渐行渐远。如果这是事实的话，那么您觉得我们该如何来解释这一现象呢？

在我看来，可能是因为这些献金者已经意识到了他们无法控制共和党的根基了，因此开始积极寻找其他办法来避免未来可能发生的对自身利益的伤害。如果这些人借助某些手段来掌控共和党全国

① 最早发表在2016年3月29日的*Truthout*。

大会，甚至可能将保罗·瑞安这样的人推上前台的话，也不会让我大吃一惊。在我看来，这种前景并不美妙。

有钱人不断地给政客输送金钱的故事并不新鲜，甚至与我们这个国家自己一样有年头了。请问，在我们自己所生活的这个年代，金钱以什么样的方式在重塑美国政治呢？

确实没有什么根本性的新内容。研究权钱交易这一课题的学者们——其中比较突出的是托马斯·弗格森，他出版了《金律》（*Golden Rule*）一书，并发表了其他成果——通常把实践和结果追溯到19世纪晚期，其间罗斯福新政时期有一些有趣的研究发现。学者们的研究当然也包括当下的新发展。

当然，事情的发展总会出现一些新变化。其中一个变化弗格森花了很长篇幅进行讨论，这是20世纪90年代由纽特·金里奇（Newt Gingrich）主导的计谋。以往，美国国会内的升迁规则是，根据实际的年资和公认的成就来安排职位，年资越高、成就越大，其职位就越尊贵、影响力就越大。如今，所有这一切都可以买卖，只要你足够有钱，就可以用大把的钞票来购买想要的职位，这样一来很多国会议员都奔着富人们的腰包去了。另外，美国高等法院的很多裁定也加速 107
了这一变化趋势。

以往，那些腰包最鼓的候选人几乎总是能够取胜。但是，这一次，唐纳德·特朗普在选举活动中投入的费用事实上并不比他的对手多，这似乎改变了政治与金钱之间的关联关系。那么，在您看来，在这样一个被极端声浪所裹挟的选举年份，所谓金钱的力量是不是突然之间没有过去那么强大了？

我倒真的不清楚特朗普究竟投入了多少费用，但是看起来他的选举活动所费不菲。事实上，真正让大家大跌眼镜的是那些很有钱的候选人竟然会半途而废。杰布·布什（Jeb Bush）就是一个最明显的例子。2016年4月出版的《哈珀》杂志上有一篇由安德鲁·科伯恩撰写的评论文章，值得大家读一读。在该文中，考克本通过研究发现，有不少候选人把大量的竞选费用花在了电视广告上，其最终结果只不过是喂饱了各大广播网和专业顾问，而对吸引选民投票起效甚微。[①]相对而言，那些和选民面对面地接触、直接走到民众中间去拉票的做法耗费不多，效果却很不错，只不过这样做需要大量志愿者的积极参与和贡献。大家真正应该关注的是另外一个问题，那就是，财富和权势阶层为了对政策制定施加影响而向候选人提供了大量的金钱。弗格森就研究过这一问题。

在您看来，2016年代表共和党参选的候选人们所代表的究竟是哪些具体的经济利益群体？

当然是那些超级富豪，还有各大企业，程度甚至远超以往。

美国政治文化中有一个了不起的神话，它总是围绕着“自由市场”资本主义在打转。正如大多数自由主义者指出的那样，美国经济本身算不上是真正的“自由市场”经济。就算不讨论“自由市场”资本主义经济制度是否值得向往，这样的制度是否真的存在？

自由市场资本主义的事例确实存在。著名的经济历史学家保罗·贝洛赫就曾经指出，“毫无疑问，19世纪第三世界国家由于在经济上被迫遵循自由主义观念，所以延缓了其工业化进程”，甚至走上了“去工业化”道路。对此，我们可以找到很多详尽的事例。与此同

① Andrew Cockburn, “Down the Tube,” *Harper's*, April 2016, https://harpers.org/archive/2016/04/down-the-tube.

时，欧洲自己，以及那些成功地摆脱了自由主义控制的地区，却通过违背这些经济原则而发展了起来。这中间最典型的例子就是英国和美国，还有拒绝被殖民而发展起来的日本。 108

和其他经济史学家一样，贝洛赫通过广泛深入的调查研究得出一个结论："要想再找到一个现实与主导性理论完全背离的案例绝非易事。"该主导性理论的核心观点是自由市场才是经济增长的唯一引擎。长期以来，特别是最近新自由主义思潮泛滥的这段时期，全球南方国家所领受的教训不可谓不深刻。关于"自由市场"发展的内在问题，我们可以找到不少经典的研究，比如说卡尔·波兰尼（Karl Polyani）的《大转型》（*Great Transformation*）、拉贾尼·堪斯（Rajani Kanth）的《政治经济学和自由放任政策》（*Political Economy and Laissez-Faire*）以及关于经济发展史和科技发展史的大量文献。

当然，市场如果不受监管也会出现严重的问题，比如说对自由选择的强制性限制（排除公共产品，比如公共交通），忽视外部效应（造成环境问题），后者已经对人类生存造成了威胁。

最近的一次民调结果表明，90%的美国人愿意将票投给在他们心目中够格的总统候选人，不管这个人是天主教徒、女性、黑人、西班牙裔还是犹太人，但只有不到一半的人表示他们愿意将票投给一个坚持社会主义理念的候选人。那么在美国这个国家，社会主义为什么仍然是一个大家都不愿意触及的禁忌话题（尽管我们也必须承认，在今天的西方世界，无论是在哪个角落，社会主义都早已销声匿迹了）？

这个问题真不是个容易讨论的问题，因为你这里用到的"社会主义"这个词（就像政治辩论用到的大多数术语一样）早就被蒙上了庸俗化的阴影，而且也彻底被政治化了，因此已经丧失了其应有的意义和作用。传统意义上的社会主义，其核心理念是应该由工人阶级来掌控生产权，以及由工人来对社会、经济和政治生活的其他组成部分进行公众管理和民主控制。在我们这个世界上，恐怕也没有哪个社会能够像当年的苏联那样远离真正意义上的社会主义，尽管它总是以领先的“社会主义”国家自居。如果苏联搞的那一套就是所谓的“社会主义”的话，那么我们必须反对这样的社会主义。但是，“社会主义”这个术语有时候也会在其他场合使用，比如邮局、全民医疗计划和其他“社会主义”的领域。在美国，人们并不反对上述这一切，包括全民医疗计划，这些“社会主义”能够得到大多数人的支持，过去支持，现在也支持。“社会主义”这个词之所以被视为禁忌，原因就在于冷战时期的意识形态之争，使其彻底丧失了本来应该有的意义和作用。

109 在西方世界也存在显著的社会主义因素，其中比较值得关注的是工人所有（有些也由工人直接管理）企业、真正有参与权的合作社等。在我看来，我们可以借用米哈伊尔·巴枯宁（Mikhail Bakunin）的说法，把社会主义的使命定义为在当下的社会基础上创造出更加合理、更加有效的制度，构建一个更加自由、更加公正的社会。

最近这段时间以来，和世界上其他一些“发达”国家相比，美国似乎只能在军事技术领域稍胜一筹。事实上，美国变得越来越像一个“第三世界”国家，尤其是考虑到其国内的基础设施建设，以及普通民众中处于贫困线以下甚至是无家可归的人的比例持续不断地上升这些现状，美国更像一个“第三世界”国家。在您看来，究竟是什么原因造成了在美国这样一个依然极为富裕的国家竟然会存在如此糟糕的情况？

美国与众不同的地方在于，它一直是一个被商业掌控的社会。美国不同于其他传统社会，这些传统社会尽管也存在严重的缺陷，却仍然给普通民众留出一定的喘息空间。美国有一段定居者–殖民地和奴隶制社会的历史，这段历史给美国造成了很大的社会和文化影响，当然，其他因素，比如宗教激进主义也在扮演非同寻常的角色。在美国历史上曾经发生过大规模的激进的民主运动，比如农业民粹主义和武装工人运动，但是这些运动大部分都被镇压下去了，很多情况下这种镇压会采取暴力手段。

上述一切所造成的后果，正如沃尔特·迪安·伯纳姆所总结的那样："美国的政治制度表现出明显的相对特殊性：以社会主义为理念或者以工人阶级为基础的大众党派作为一支有组织的竞争力量在选举市场完全缺位。"伯纳姆指出，这种缺位能够解释美国为什么会产生"阶级性弃权率"高的问题，也能解释在基本上由大企业操控的美国政治制度下阶级问题为什么没有那么重要的原因。从某种意义上说，美国政治制度是美国内战的产物，其影响至今尚未被消除。当今美国政治版图上所谓的"红色州"基本上都位于内战时期的南部邦联地区，该地区在民权运动蓬勃兴起之前是民主党最坚固的票仓，尼克松推行的"向南挺进策略"开始改变了那里的党派标签。

毋庸置疑，美国在很多方面都还是一个非常自由的社会，即便在社会关系方面美国也是很自由的，看不见其他国家普遍存在的繁文缛节。但是，这样一个错综复杂的混合体也有不好的一面，那就是，社会的公平正义状况堪忧。尽管美国是一个高度富裕的社会，有着 110
他国难以企及的优势，但是在同为经济合作与发展组织（OECD）成员的相对富裕国家中，美国的社会公正度排名非常靠后，与土耳其、墨西哥和希腊为伍。美国国内的基建状况也很糟糕。现在，在其他发达国家，或者是从中国到哈萨克斯坦，你都可以乘坐高速铁路，但是在美国，即便是来往最频繁的波士顿到华盛顿一线也没有高铁可供选择，自从我65年前坐上这趟火车以来，这里的情况没有多大改善。

传统马克思主义者经常认为人类社会是由经济基础和上层建筑两个部分组成的。您觉得在当今的美国社会，经济基础能够决定上层建筑吗？

对这一点，我没什么可以多说的。我并不觉得传统马克思主义者的这个框架有什么用处。在当今的美国社会，究竟是谁在掌控政策制定的权力通常并不那么隐秘，权力主要掌握在日益集中的经济力量即商业系统手上。如果我们进行更深入的了解，情形当然会更复杂。如果广大民众善于组织、乐于奉献、勇于突破，也会有所作为，不至于无能为力。

2016年大选让美国“在劫难逃”[1]

C. J. 波利赫罗纽：诺姆，让我们回顾并反思一下美国2016年总 111
统大选，看它是如何改变整个国家的形势，如何影响美国在国际事务中所扮演的角色，同时也让我们分析一下两党的意识形态和主要候选人的政治观点。

诺姆·乔姆斯基：不容忽视的一点是，如今我们已经进入了人类历史上一个独一无二的时刻。有史以来，人类第一次面临着这样的决定，这些决定必须马上作出，这些决定事关我们人类当下的生存前景，不是遥远的未来。我们人类已经为一大批其他物种作了决定。现在物种的消失速度与6 500万年前相同，当时正值第五次灭绝期，恐龙时代于那时终结了；而该时代的结束也为小型哺乳动物包括我们人类，开启了生存大门。我们人类作为一个物种有着独特的能力，很不幸也包括冷酷的破坏能力。

19世纪时期极力反对启蒙运动的约瑟夫·德·梅斯特（Joseph de Maistre）曾经公开指责托马斯·霍布斯（Thomas Hobbes），不认同后者引用那句罗马名言“人与人之间就像狼与狼之间”所表达的观点。梅斯特指出，这种说法其实对狼来说是极不公正的，因为狼从来都不会为了给自己找乐子而随意杀另外的狼。正如我们现在亲眼目睹的那样，人类果然发展出了自我毁灭的能力。据推测，造成第五次物种灭绝的罪魁祸首是一颗撞击到地球的体积庞大的小行星。而现在，我们自己就成了那颗小行星。人类这颗小行星给自己造成的影响已然是如此巨大，如果现在还不采取有效行动的话，那么不久之后情况一定会变得更加糟糕。核战争的巨大阴影不仅没有消除，而且越来
112 越升级、越来越扩大。想到这一点，我们都没有勇气继续讨论下去了。我们也许可以回想起当年爱因斯坦的话，在回答人们关于下一场战争中人类将会使用到什么武器的问题时，他坦白地承认他自己也不知道，他只知道下一场战争之后再发生战争的话，人们将只能用石斧来相互厮杀了。回顾那些令人瞠目结舌的历史记录之后，我们将深切地意识到，我们人类直到现在都还没有遭遇核战争的厄运，实在应该算得上是奇迹，但是必须铭记的是，奇迹是不可能永远持续下去的。很不幸的是，毁灭的风险正在不断加强，这是不言而喻的。

所幸的是，人类本性中尽管蕴含着这种可怕的毁灭能力和自杀能力，但好在其中还存在其他特性作为制衡力量。那些伟大的启蒙运动思想家，比如大卫·休谟、亚当·斯密以及无政府主义者和思想家彼得·克鲁泡特金（Peter Kropotkin），都认为同情和互助也是基本的人性。我们有理由相信这些人的判断。不久之后我们就能发现有哪些人性在上升，最终会占上风。

回到你刚才提的那个问题，我们同样可以自问，在美国每4年一次的选举盛事中，上述这些可怕的问题是否以及如何被关注。最令人震惊的事实莫过于根本就没有人关注，无论是共和党还是民主党都熟视无睹、置若罔闻。

在这里，我们没有必要浪费笔墨来回顾共和党初选阶段发生的

---

① 最早发表在2016年3月9日的*Truthout*。

那些闹剧。关于那个阶段所发生的一切，甚至连政治评论员都无法掩饰其鄙视态度，从心底里担心美国这个国家、担心当代文明社会的走势。不过，那些候选人确实也回答过关键性的问题。他们要么矢口否认全球气候变暖这一问题的存在，要么坚称我们是无能为力的。他们的态度只能加快人类走向深渊的速度。从他们的政策主张中，我们不难辨别出他们的意图，那就是加强军事对抗和军事威慑。光凭这些原因，共和党组织——无论是以何种传统意义作为标准来衡量，我们都不太愿意将这样一个组织称作一个政党——足以产生严重的威胁，不仅威胁到人类而且还会给其他物种带来“连带伤害”。共和党会带领我们在自杀的道路上越走越远。

民主党相对要好一点，至少认识到了环境问题可能带来的危险和灾难，但是在实际政策的制定和落实方面却无所作为、乏善可陈。我们知道奥巴马提出过更新美国核武器装备的计划，并在俄罗斯边境快速进行军事部署（双方行为），从这些关键行为中我看不出民主党的立场到底是什么。

总而言之，共和党候选人的政治立场看起来更符合常规：让富人的腰包更鼓，让其他人自生自灭。而民主党的两个候选人所持有的立场如下：桑德斯的计划更接近罗斯福新政，希拉里的主张符合
“新型民主党/温和共和党”的价值观，后者在桑德斯的挑战下开始 113
略微偏左一点。关于国际事务以及我们不得不面临的大挑战，一切似乎都是“换汤不换药”。

在您看来，究竟是什么力量促使唐纳德·特朗普异军突起？在人类历史上，每当国家面临严重的经济危机或者是综合国力下降的艰难时刻，都会冒出典型的右翼民粹分子，特朗普只是这样一个民粹分子吗？

美国"综合国力下降"基本是自作自受。毫无疑问，美国已经不再能够继续维持其在"二战"之后不久所获得的超级霸权了，但是它始终还是当今世界上最富裕的国家，拥有无与伦比的优势和安全状况，其军事力量几乎可以和世界其他所有国家军事力量的总和相媲美，而且其技术水平也比所有对手加总起来还要先进。

特朗普主要利用的是民众的失落感和不安全感。新自由主义对世界所有民众进行攻击，这种攻击给民众带来了严重的伤害，与此同时使得美国也未能幸免于难，只不过美国的抗打击能力要强一些而已。大部分民众不得不忍受经济停滞或者下降所造成的恶劣后果，而另一方面，世界上的财富越来越聚集到少数富人手中，腰包鼓鼓的他们总是那么洋洋自得。真正的民主制度不得不承受新自由主义的社会经济政策所造成的各种不良影响，整个社会正在滑向财阀统治。

我觉得没有必要再去回顾一下那些令人绝望的事实和细节——比如，男性工人的实际工资40年都没有涨过，再比如，从上一次经济危机到现在整个社会创造的财富的90%都被只占总人口1%的人攫取了。或者说大多数民众——那些收入较低的人群——根本得不到他们选出的代表的关注，后者对于低收入人群的喜怒哀乐充耳不闻，而对有钱有势者却言听计从。

特朗普的一部分支持者——主要是中低收入阶层、工人阶层和低教育程度人群——比较认同这样的看法，也是基本正确的看法：他们已经被彻底遗忘、彻底抛弃了。把当下所发生的一切与经济大萧条时代作一下比较还是很有启发的。客观而言，30年代美国所面临的情况与当下相比更糟糕，事实上，那个时候的美国比现在要穷得多。但是，从主观感觉而言，那个时候的情形似乎要比现在好得多。
114 在当时的美国工人阶层中，尽管失业率高企不下，生活都很穷困，但至少人们的内心深处还闪烁着希望的亮光，坚信团结就是力量、奋斗就会成功。当时的武装工人运动、左翼政党以及其他组织紧密协作。美国行政当局对劳动者也抱着同情的态度，采取了不少具有建设性的措施，不过遗憾的是，这一切都受到强势的南方民主党的限制，他们的态度是：只要能把讨厌的黑人群体边缘化，他们还是愿意支持政府推行福利国家政策的。当时很重要的一点是，所有人对于未来都感觉有盼头。而现在，这种正能量荡然无存。其中一个重要的原因是，自“二战”结束以来，劳工组织遭遇了重创。

除此之外，特朗普还成功地吸引到本土主义分子和种族分子的积极支持——我们不应忘记乔治·弗里德里克森（George Frederickson）在对历史进行比较研究之后得出的有力结论，那就是，美国的白人至上主义观念甚至超过了南非。美国从未彻底摆脱内战所遗留的阴影，也从未清除压迫非裔美国人长达500年这一负面遗产。长期以来美国一直致力于维护盎格鲁–撒克逊的纯净血统，但是这种幻象却越来越受到一波又一波移民潮的威胁（当然还包括黑人获得解放和男女平权，后者在传统上的男权社会的意义不可小觑）。特朗普的支持者大部分都是白人，他们眼睁睁地看着一个由白人掌控的（而且，对其中很多人来说，是由男人掌控的）社会正在不断地崩塌。我们也不应该忘记，尽管美国比世界上所有国家都更安全、更稳固，但从另一个角度来看，它也许是世界上最担惊受怕的国家，这种文化特征渊源有自。

很多类似因素以某种危险的方式混合在了一起。我想起来了，我在10年前出版的一本书中曾经引用过著名的德国历史问题专家弗里茨·斯特恩（Fritz Stern）在保守派杂志《外交事务》上发表的文章，他谈到“德国从文明优雅到纳粹暴政的堕落”。他一针见血地指出：“今天，我开始担心的是美国接下来的走向，这个国家曾经在20世纪30年代为德国难民提供了避难之所。”他自己也是这些难民中的一员。斯特恩同时还在文中全面地回顾了希特勒当年发出的恶魔般的呼叫，他给自己设定了一个“神圣的使命”，即成为“德国救星”，致力于将“一个具有伪宗教意味的政治变形”改造成“传统的
115 基督教形式”，建立一个坚守民族“基本原则”的政府，确保“将基督教作为塑造我们民族道德的基石，家庭作为民族生活的根基”。更有甚者，希特勒对“自由主义的世俗国家”恨之入骨，这种情绪得到很多新教人士的共鸣，最终推动了“一个新的历史进程，让仇恨祛魅的世俗世界的情绪在非理性的逃避和狂喜中得到宣泄和消解”。斯特恩的这些分析如此振聋发聩，我想任何一个仔细阅读这篇文章的读者都不会错过其中的深意。

前事不忘，后事之师。

我们有足够多的理由“对美国的未来深感担忧”。比如说，我们也许会回想到约瑟夫·斯塔克（Joseph Stack）在实施自杀行动之前留下的“满纸荒唐言和一把辛酸泪”。当时他驾驶着一架小飞机，瞄准了得州奥斯丁市一幢办公大楼中的国税局办公室一头冲了上去，最终落得个机毁人亡。在临终遗言中，斯塔克回顾了自己作为一个普通劳动者艰难困苦的一生，他无时无刻不遵循各种社会法则，却一步步被商业系统和国家权威的腐败和残忍加以无情的碾压。他的宣言喊出了很多与他同命运的人被压抑了太久的心声。很多人无情地嘲笑或者干脆不去理睬他的宣言，但是在我看来，我们应该认真地对待这件事，认真地对待各种事件所传递出来的明确信号。

虽然如此，和特朗普相比，克鲁兹和鲁比奥（Rubio）在我看来似乎更为危险。在我眼里，这两个人才是真正的恶魔，而特朗普则只是让我联想到了西尔维奥·贝卢斯科尼（Silvio Berlusconi）的影子。您认同我的看法吗？

我很认同，而且正如你所了解到的，在当下欧洲确实有很多人将特朗普和贝卢斯科尼对照起来看。我还会在你的恶魔名单中加入保罗·瑞安的名字。他被很多人视为共和党中最具深度的思想家之一，是一个总是一脸严肃地致力于琢磨政策的学究，能够熟练地运用试算表，还会使用有想法的分析师经常运用的工具。如果能够花一些工夫来深入地分析一下他推行的政策和计划，当然需要先确保自己不被他惯常采用的魔幻手法给迷惑了双眼，那么你就可以判定，他所推行的政策加起来几乎会摧毁联邦政府中为普通民众利益服务的所有职能，把节省下来的开支用于推广军事扩张政策，确保富裕阶层和企业集团的利益得到保护。当你把蒙在其上的修辞伪装撕去之后，就会发现其所秉持的恰恰是共和党的核心理念和价值主张。

美国年轻一代似乎已经被伯尼·桑德斯的主张吸引了。对于他所获得的这些成就，您觉得惊奇吗？

老实说，对这一切我是真的没有预料到。对于他的竞选活动能 116
走多远，我一开始并没有抱很大的期望。但是，有一点值得我们注意，也有人对他所提出的政策建议并不感到惊讶，那个人就是艾森豪威尔总统。桑德斯的这些建议在很大程度上确实能够引发早有此想的普通民众而且是大多数民众的共鸣和回应。举例说，他顶住压力，大声呼吁推行全民医疗保健制度，这样的制度对于很多与美国情况类似的国家来说并不陌生。至今为止，桑德斯的这一呼吁已经得到超过60%的美国民众的支持，考虑到这一制度长期以来总是受到诟病和谴责、真正敢于站出来大声倡导的声音微乎其微的事实，这样的支持率已经是相当高了。而且，民众对此的支持可以回溯到很久以前。在里根当政后期，已经有大约70%的民众认为美国必须让全民医保得到宪法的保障，40%的民众则认为美国宪法其实早就确保了这一点，这意味着公民获得医保的权利应该是天经地义的，本就应该写进宪法。

当奥巴马不假思索地废弃目前的公共健康保险政策的时候，他的做法几乎得到了2/3的美国人的支持。而且，有足够的理由让我们相信，如果美国能够推行其他国家所推行的，比现在美国所推行的制度的效率高得多的全民医保政策的话，那么可以节省下大笔医疗费用，因为全民医保所需的费用只是现在的一半，而且总体效果也要好很多。桑德斯所建议的其他政策，比如说对富人抽取重税，提供免费的高等教育，以及其他内政政策，大部分都有罗斯福新政的影子，与“二战”之后美国那段最辉煌的发展时期所推行的政策也有相似之处。

在什么情境下，桑德斯可能赢得民主党的党内选举？

很显然，要赢得党内选举，桑德斯还需要加大对选民的教育力度和组织力度。但是老实说，我个人内心深处总觉得，他需要尽可能地发动一场大众运动，这样即便选举结束了也不至于销声匿迹。而且，他还应该联合其他力量，大家共同努力，共同推动，才能将与过往一脉相承的变革进行下去。

在您看来，美国还是一个民主国家吗？如果不是，那么选举还有什么意义吗？

尽管美国社会有着这样那样的缺陷，但是从比较的眼光来看，美国始终还是一个非常自由、非常开放的社会。选举当然还是非常重要的。在我看来，如果当下这些共和党候选人中的任何一个最终真的入主了白宫，如果共和党还能够继续操纵美国国会的话，那么这对于我们这个国家，乃至对于整个世界，都将会是一场巨大的灾难。回顾一下我们早先关于那些至关重要的问题的讨论，我们不难得出这样的结论。而且，很显然，这一切还远未结束。基于我前面提到的那些原因，一直是有限度的美国民主如今越来越朝着财阀统治的方向转移。当然，这样的发展趋势也不是铁板钉钉，一成不变的了。要感谢我们的先人，他们当初面临的条件比我们现在的条件更加困难，但是他们不屈不挠地奋斗，这才让今天的我们享受到了难能可贵的自由和人权。先人所创造的一切为我们打下了坚实的基础，我们必须继往开来，在各个方面、各个环节，以各种形式、各种方法推进政治变革，积极行动，主动参与，影响政策，重建社区组织，复兴劳工运动，完善校董会，推动立法改革等等，不一而足。

执掌白宫的特朗普[①]

119 **C. J. 波利赫罗纽：**诺姆，现在一件令人大跌眼镜的事情发生了。谁都没有预测出唐纳德·特朗普竟然在这次总统大选中一举超越希拉里，获得了决定性的胜利。照迈克尔·穆尔（Michael Moore）的说法，特朗普简直就是一个“厚颜无耻、不学无术、十分危险的兼职小丑、全职反社会者”，而这样一个人即将成为美国下一任总统。在您看来，究竟是哪些决定性因素让美国广大选民造成了美国政治历史上如此翻天覆地的逆转呢？

诺姆·乔姆斯基：在回答你这个问题之前，我认为更重要的事情是我们花一点时间来好好地思考一下11月8日那天究竟发生了些什么。那一天，基于我们每个人当时对所发生的一切的真实反应，很可能会成为人类有史以来最重要的日子之一。

我这么说，真的一点都没有夸大其词。

在11月8日当天发生的所有事件中，有一件事最重要，却被很多人彻底忽略了，事实上，这件事本身具有举足轻重的意义。

就在11月8日那一天，世界气象组织（WMO）在摩洛哥举办的气候变化大会（COP22）上发表了一份报告。这份报告呼吁全世界积极行动起来，推动在2015年联合国气候变化大会（COP21）上签

订的《巴黎协定》的落实。WMO通过这份报告指出，过去5年是地
球有记录以来最热的5年。这份报告还列举了因为气候变化而造
成的一系列异常现象，包括海平面不断上升，随着极地冰川尤其是
更值得我们担忧的南极冰川以令人始料未及的速度快速融化，地球
海平面的上升速度会进一步提高。实际上，北冰洋的冰川面积在过
去的5年间已经比之前29年的平均面积缩小了几乎28%，不仅抬高
了海平面，而且还大大削弱了极地冰川对太阳射线的反射效果，也 120
因此降低了为地球降温的效果。这些都加剧了全球气候变暖的后
果。WMO在这份报告中进一步指出，地球平均温度已经逐步趋近
COP21上设定的危险红线了。会上还公布了其他令人忧虑的报告
和预测。

11月8日当天发生的另外一件事，对我们来说也具有非同寻常的历史意义，尽管我们对其原因同样茫然无知。

就在11月8日那一天，世界历史上最为强大的国家，即将在接下来的人类历史发展进程中留下浓墨重彩的那个国家，进行了一场总统大选。这场轰轰烈烈的选举最终将这个政府——包括行政、立法和司法机构——的全面掌控权统统交到共和党的手中，而在我看来，共和党演变成了世界历史上对人类生存最具威胁的一个组织。

上面我所说的这一切，除了最后一句可能会引发争论之外，其他我想都没有人怀疑。最后那句话乍听上去也许是在挑战大家的认知，甚至可能会冒犯某些人的神经。但是，这句话真的那么不中听吗？所有的事实不都在证明这一点吗？这一政党的所作所为不就是让我们有组织的人类生活尽快走向自我毁灭吗？在我们人类历史上，你还能找到任何先例吗？

---

① 最早发表在2016年11月14日的*Truthout*。

你也许会问，这样说是不是过于夸大其词了？那么，就让我们大家一起来回顾一下我们看到的一切吧，毕竟眼见为实。

在共和党初选阶段，每一个候选人都斩钉截铁地否认世界上正在确实发生的一切。当然，那些立场相对温和的候选人，比如说杰布·布什，可以算是其中的特例，他曾经说过，所有的一切都是不确定的，但他也说，我们并不需要因此而采取什么行动，他的这一结论背后的依据是我们找到了开采页岩气的方法，从而可以大大提高天然气的产量。还有一个例外是约翰·卡西奇（John Kasich），他确实同意全球变暖趋势正在进一步加剧这一说法，但他同时又补充说："我们正准备在俄亥俄州开采煤矿，而且我们绝对不会因为这样做而感到愧疚。"

那个最终的赢家，我们的候任总统，则呼吁大家大力提高对包括煤矿在内的化石燃料的开采和利用，主张彻底解除政府管制，拒绝向那些正在致力于转而使用可持续能源的发展中国家提供任何帮助。总体来看，他的这些想法无疑是在加速引领大家冲向万丈深渊。

特朗普早就已经开始行动了，比如撤销环保署，让一个臭名昭著（而又沾沾自喜）的气候变迁否定论者迈伦·埃贝尔负责该机构的过渡。特朗普的首席能源顾问，那个石油大亨哈罗德·哈姆（Harold Hamm），还得意洋洋地宣布了他自己对未来的打算，当然这些打算也并不出乎人们的预料：彻底解除政府管制，降低企业税收（当然这在很大程度上也是针对富裕阶层和各大企业），提高化石燃料的开采量，解除奥巴马对达科他州石油管道的临时禁令。市场对此的反应果然是神速的。能源企业的股价急速攀升，其中包括全球最大的煤
121 炭企业皮博迪能源集团，该公司曾经申请过破产保护，但是在特朗普获胜消息公布之后其股价立马飙升了50%。

共和党拒不承认气候变化的做法已经产生了很大的影响。曾经

有人还希望COP21《巴黎协定》能够成为最终被落实的协定，但是因为共和党掌控的国会不可能接受任何具有约束效力的条款，因此我们现在所见到的不过是一份自愿遵守的协议而已，效力很显然非常微弱。

这些影响会越来越明显地被感受到。由于海平面不断上升，气候也变得越来越不可捉摸，光是在孟加拉一个国家，就可能有上千万人在随后几年间不得不逃离水平面过低的平原地带，由此造成的严峻的移民危机会超出我们的观察和想象。孟加拉国著名的气候科学家公平地指出，“这些移民拥有正当的权利迁移到那些每天在排放大量二氧化碳的国家。上百万移民应该被允许迁到美国去”。包括迁到其他发达国家，这些国家的财富积累过程也是一个新的地质学年代——人类世——的诞生过程，期间人类给自己赖以生存的环境造成了重大的改变。不仅是在孟加拉国，包括在整个南亚地区，环境变化的灾难性后果都在日益加剧——气温在上升，已经上升到穷人无法忍受的地步；喜马拉雅的冰川在加速融化，威胁到整个南亚地区的水资源供给。光是在印度，据报道就有差不多3亿人缺少足够的日常饮用水。事实上，这样的影响将会无止境地蔓延。

人类正在面临着有史以来最严峻的问题：在未来，有组织的人类生活是否还能继续以我们熟知的这种形式生存下去，还真不能确定。一切已经无法用语言来形容了。我们一边在回答上述问题，一边在加速自我毁灭的进程。

我们还面临其他危及人类生存的重大问题，包括核毁灭力量的巨大威胁，这样的阴云已经在我们头顶整整笼罩了70年，其危险系数有增无减。

美国大选作为一台精彩大戏，受到了媒体和舆论的广泛关注，各种报道连篇累牍，但是对于上述重大问题却只是蜻蜓点水般地提及。

对此，我无言以对，怅然若失。

最后，让我们回到刚才提出的那个问题。准确地说，希拉里似乎以微弱优势获得了多数的大众选票。但是，之所以是特朗普取得了
122 决定性胜利，这是因为美国政治本身的特点：美国在建国时期由独立各州的联盟制定了选举人团制度；各州层面实行赢者通吃制度；依靠选区的划分（有时候会重新划分）从而提高乡村选票的权重（在过去的选举中，很可能这一次也一样，民主党在众议院选举中通常在大众选票方面都会以很大优势获胜，但即便这样最终也只能拥有少数席位）；极高的弃选率（通常情况下在总统大选中该比率接近一半，这一次也是如此）。在我看来，有一个事关我们国家未来的现象值得关注：在年龄位于18岁至25岁区间的选民中，希拉里赢的甚是轻松，而桑德斯所获支持更多。这一现象的意义与人类未来走向密切相关。

据最新信息显示，白人、工人阶层和低收入中产阶层，尤其是收入在5万到9万美金，没有接受过高等教育的乡村和郊区选民对特朗普的支持已经创下了新的纪录。整个西方社会，上述选民都对立场偏中立的“建制派”心怀怨愤，这从让人大跌眼镜的英国脱欧公投以及欧洲大陆国家中立派政党的衰落中都可以看出。这些充满了愤怒和不满的选民，有很多都是过去这些年西方各国政府所推行的新自由主义政策的受害者。美联储主席艾伦·格林斯潘曾经在一份国会证词中对这些政策作过详尽的解释，也正是这位联储主席曾长期执掌美国的经济政策，被很多经济学家和其他仰慕者尊称为“圣艾伦”。然而，曾经春风得意的美国经济却在2007年至2008年轰然倒塌，把整个世界经济都拽入深渊。正如格林斯潘在他如日中天的那段日子里曾经解释过的那样，他之所以能够在掌管美国经济时取得如此辉煌的成就，主要是利用了“不断加剧的工人的不安全感”。那

些受到胁迫的工人们不敢要求提高工资、待遇和工作安全性，他们不得不满足于新自由主义所界定的健康经济的诸多特征，即永远停滞的工资和不断削减的福利。

作为这些经济理论的实验对象，工人阶层对于上述结果当然很不满意。比如，在2007年，新自由主义奇迹的鼎盛时期，非管理岗位的工人的实际工资收入和早些年相比不增反降了，甚至与20世纪60年代男性工人的实际工资收入相比下降了，而大量的经济收益都进了处于顶层的少数人的腰包，这些人占总人口的比例还不到一个百分点。这样的反差怎么能让工人们满意呢？根据经济学家迪安·贝克在他最近发表的一份研究报告中对这一趋势的全面回顾，这一切并不是市场作用的结果，也不是基于人的成就或才能上的差异，而完 123
全是政府政策所造成的结果。[①]

工人最低工资的设定也很能说明问题。在20世纪五六十年代，美国收入水平呈现出平等的高速增长阶段，当时设定的最低工资——为其他工资水准建立基准——体现的是劳动生产率的水平。自从新自由主义思想出现以后，一切就戛然而止了。从那时起，最低工资水平就一直处于停滞状态（按照实际价值来估算）。如果保持原来的增长势头，那么现在的最低工资可能会将近20美元一小时。然而，现在，努力将其提到15美元一小时已经算是发生一场政治革命了。

时至今日，大家围绕着充分就业这一话题争论不停，但事实上劳动力参与度始终低于早年的水准。而对于劳动阶层来说，像早些年那样在制造业领域拥有一份稳定的工作，获得由工会支撑的工资和

---

① Dean Baker, *Rigged: How Globalization and the Rules of the Modern Economy Were Structured to Make the Rich Richer* (Center for Economic and Policy Research, 2016), deanbaker.net/books/rigged.htm.

福利，完全不同于在某些服务行业做一份缺乏安全保障的临时性工作。除了工资、福利和安全感之外，人们感受最强烈的是自尊、归属感和价值感的丧失以及对未来的希望的破灭。

特朗普在阿莉·霍克希尔德生活、工作了很多年的路易斯安那州占据领先地位。她曾经作过细腻生动的描述，精准地捕捉到了上述现象及其影响。① 她向我们大家展示的是这样一幅画面：当地居民排着队站在一条线上，指望通过辛勤工作和遵纪守法来稳步前进。但是，他们却一直停滞不前。他们眼睁睁地看着前面有人实现跨越式发展，不过这也并没有让他们觉得过于不安，因为这正是（所谓的）能者多得的“美国之道”。真正让他们坐不住的恰恰是后面所发生的一切。他们看到，那些从不“守规则”的“不具备资格的人”靠着联邦政府所推行的各种计划而挪到了他们前头。普通居民非常气愤地发现，联邦政府的政策完全是为了惠及非裔美国人、移民以及其他一直被普通居民鄙视的群体。而罗纳德·里根加剧将白人辛苦赚来的钱和努力争取到的福利偷偷转移给其他群体。他还发明了一个具有种族歧视意味的词——“福利女皇”（暗指黑人）。

有些时候，政府无法对各种政策做出合理解释甚至根本不做解释，这种做法本身也显示出一种蔑视的态度，也会加剧人们对政府的不满情绪。我在波士顿认识一个家装油漆工。曾经有一个来自华盛顿的对刷油漆一窍不通的官僚，组织了一个由当地油漆合同工参加的会议，告知这些油漆工不能再使用含有铅的油漆了。但是，所有的与会者都知道“只有这种含铅的油漆才有效果”，而那位西装笔挺的

① Kristian Haug, “A Divided US：Sociologist Arlie Hochschild on the 2016 Presidential Election,” *Truthout*, November 2, 2016, www.truth-out-org/opinion/item/38217-a-divided-us-sociologist-arlie-hochschild-on-the-2016-presidential-election.

官员显然不懂。这样的禁令破坏了他的小生意，迫使他不得不使用政府精英分子们强迫他使用的不符合标准的材料来粉刷房子。

有些时候，针对政府官僚的反感确实事出有因。霍克希尔德就曾经讲述过一个男人的故事。那个男人的家人和朋友因为化学污染物所造成的致命危害而不得不忍受身心的痛苦。他们对政府和那些“自由派精英人士”充满了仇视，因为在他看来，环保署本身就是由一些连基本常识都没有的家伙组成的，他们除了会警告他别再捕鱼之外，并不采取任何措施去监管那些化工厂。

上述这些不过是特朗普的支持者中几个具体代表而已。正是这些支持者深信特朗普确实会采取有效行动来将他们从困境中解脱出来，但是我们只要略微看一下他所推行的财政政策以及其他措施，就可以充分意识到事实完全是相反的——社会积极分子如果想要规避最坏的情况，促成必要的变革，就必须依靠自己，继续斗争。

大选之后的民调结果表明，特朗普之所以能获得这么多支持，在很大程度上是因为人们相信他确实代表了真正的变革，而希拉里在选民心目中则是维持糟糕现状的代表。特朗普带来的所谓“改变”一定是有害的，甚至可能更糟糕，但是可以理解的是，对于那些并没有什么组织（比如工会）来管理和教育他们，生活在原子化社会中的远离主流的孤立群体来说，也搞不清楚特朗普到底能带来什么样的变化和结果。今天，美国的普通劳工普遍感到绝望，而20世纪30年代经济大萧条时期，尽管劳工阶层所面临的经济停滞状况比今天还要严重，但对未来抱有乐观态度。两相比较，存在着天壤之别。

特朗普的胜利也与其他决定性要素有关系。有不少比较研究表明，白人至上主义观念对美国文化的深刻冲击甚至超过了南非，而美国白人数量在不断下降这一点也早就不是什么秘密了。据预测，再过10年或者20年，美国白人会成为劳动力市场上的少数，不久之后，其在总人口中的比例也会日益降低，成为真正的少数族裔。美国传统的保守文化正在遭到已成气候的身份政治的攻击，持有身份政治观点的少数精英群体非常鄙视那些“辛勤工作，具有爱国情怀，经常去教堂，坚守家庭价值观的（白色）美国人”，这些人只能眼睁睁地看着自己熟悉的国家一去不复返了。

在吸引美国公众关注全球气候变暖问题的时候，我们会面临很多困难，其中之一是美国人的认知问题——40%的美国人并不认
125 为气候变暖是个问题，因为几十年后基督就会重返人间（来拯救我们）。还有同样比例的美国人则对世界是在几千年前才被创造出来的说法深信不疑。他们认为，一旦科学与《圣经》产生冲突，该让步的是科学。同样的民众认知，在其他国家是不可思议的。

民主党在20世纪70年代就抛弃了劳工阶层，不再真正关注他们。因此，美国的劳动阶层逐渐被给他们带来苦难的阶级敌人吸引过去了，因为后者至少会在表面上假装和他们说同一种语言（理解他们）。举几个代表性的例子——里根擅长平民化的交流，他会一边吃着软糖一边和大家分享笑话。小布什精心地设计出一种形象，让你感觉他就是你可以经常在街边小酒吧里碰到的那种普通人，他喜欢冒着100度（华氏）的高温在农场里砍伐树木，而且还会假装发音不准（他在耶鲁念书时应该不至于如此）。而现在轮到了特朗普，他会听取那些弱势群体的心声——这些人不仅丢失了工作机会而且再也找不到个人的价值感，另外还对政府表示不满，因为政府破坏了他们的生活（这也不无道理）。

新自由主义制度有一项了不起的成就，那就是，将人们发泄怒气的目标从企业转移到了政府那里，尽管政府所执行的政策其实都是由企业主导设计的，比如说具有强烈保护主义特征的企业/投资者权利协定，这些协定被媒体和舆论错误地一致描写为“自由贸易协

议”。政府尽管有着这样那样的缺陷，但是政府在一定程度上还是受大众的影响和控制，而企业则完全不同。对于商业世界来说，有一种做法对自己是非常有利的，那就是，激化民众对迂腐的政府官僚的仇恨情绪，引导民众放弃这样一个颠覆性的想法：政府可以作为体现民众意志的工具，一个民有、民治、民享的政府并不只是神话而已。

特朗普是否代表了美国政治的新运动？还是说，这次大选的结果在很大程度上是那些痛恨克林顿家族并且彻底厌倦了“陈腐政治”的广大选民对希拉里·克林顿的抛弃？

特朗普并不代表什么新的运动。美国的两个主要党派都已经在新自由主义时代向右偏移了。今天，所谓新民主党人多半是过去那些被称为“温和共和党人”的美国人。迄今为止，共和党越来越朝着为富裕阶层和各大企业谋取利益的方向挺进，由于已经充分意识到自己不可能凭借其所推行的政策来获得足够的选票，共和党转身动员那些一直默默存在着，但又不曾被视为有组织的政治力量的一些群体：福音派教徒、本土主义者、种族歧视分子和不可阻挡的全球化 126
浪潮的受害者。此轮全球化进程在一开始就希望世界各地的工人阶层相互竞争，以此来保障精英阶层的利益。这一进程还削弱了法律监管以及为工人阶层提供的某种保护，并且通过与工会组织合作来影响紧密关联的政府和商业领域的政策制定过程。所有这一切，其实都背离了全球化的本质；而且，现在这种全球化是一种对投资者特别友好的特殊形式的全球化，是保护主义和投资者权利的混合体，其中只存在非常有限的纯贸易内容。

最近完成的共和党初选已经充分体现了这样的后果。从基层崛起的所有候选人都表现得非常极端，以至于共和党的“建制派”不得不动用其手中掌握着的大量资源来将他们一一击倒。2016年大选的不同之处就在于，这一次“建制派”的套路失效了，我们都知道，这是他们咎由自取、悔之不及的结果。

不管是正当还是冤枉，希拉里代表的是让选民害怕和愤恨的政策，而特朗普则被视为“变革”的象征——至于是什么样的变革，我们必须去仔细地研究他所推出的实际政策，而到目前为止广大民众尚未接触到这方面的信息。本次大选在一个方面令人印象深刻，那就是对重要问题的回避和规避，媒体舆论基本上是中规中矩，他们信奉和坚持的理念是“客观性”，这意味着他们只是准确地报道“华盛顿特区内”的一切，而绝不越雷池半步。

在大选结果尘埃落定之后，特朗普说他“代表的是所有美国人”。在这个国家呈现出如此严重分裂的时候，在他已经公开表达了对美国国内很多群体包括女性和少数族裔的深刻仇视之后，他还会怎么做呢？您觉得英国脱欧和特朗普获胜之间是否有相通之处呢？

特朗普获胜和英国脱欧之间确实有相通之处，而且和欧洲大陆国家持极端民族主义政见的极右翼党派的崛起遥相呼应——这些党派的领导人，包括奈杰尔·法拉奇（Nigel Farage）、玛丽娜·勒庞（Marine Le Pen）、维克多·欧尔班（Viktor Orban）等，在特朗普获胜之后立马对他表示祝贺，将其引为同伙。而随后的发展则更加可怕。看一下奥地利和德国——我是说奥地利和德国——的民调结果，你一定会想起内心深处留下的对20世纪30年代所发生的一切的痛苦记忆。当时我还是一个孩子，亲身经历了那一切，留下了格外深刻的
127 记忆。我至今仍然能够回忆起当年曾经亲耳听过的希特勒的演讲，尽管不能完全理解其中很多说法，但是光听他说话的语调和听众们的狂热反应就已经让我后背阵阵发凉了。我还能记得我写的第一篇文章，那是在1939年2月，巴塞罗那刚刚沦陷，我那篇文章的主题是

法西斯瘟疫不断蔓延，速度已经令人无法阻挡了。令人觉得神奇的巧合之处在于，也正是在巴塞罗那，我和我妻子一起跟踪2016年美国总统大选的最终结果。

至于说特朗普将会如何处理他已经提出的这些建议——只能说是他提出的，而不能说他是原创者——我们还无法下断言。也许，不可预测性正是他最令人印象深刻的个性。有很多人被他的表现/表演以及他提出的所谓愿景所蛊惑，这些人的反应将在很大程度上决定特朗普的作为和命运。

特朗普并没有提出任何明确的主张来解决经济、社会和政治问题，但是他的行为表现出了非常鲜明的专制统治倾向。有人说特朗普可能代表了"表面友善的法西斯主义"在美国的兴起，您觉得这样的说法站得住脚吗？

多年来，我写了很多文章、做过很多次演讲，讨论美国一旦出现一个兼具诚信和魅力的政治理论家（意识形态拥护者）可能产生的危险。这样一个政治理论家有可能利用社会中积蓄和酝酿的恐惧和仇恨心理，并将矛头从病症的根源转移到弱势群体那里。这种思想有可能演变成社会学家伯特伦·格罗斯（Bertram Gross）所说的"表面友善的法西斯主义"，他是35年前在一项关于感知力的研究中提出这一概念的。但是，这样一种思想要求该理论家必须出于真诚，是一个希特勒式的人物，而不是把"我"当成唯一意识形态的那种人。这么多年来，这样的危险并不是凭空杜撰而是一直存在的，考虑到特朗普所释放的巨大能量，这样的危险甚至变得更加真切。

如今共和党不仅入主了白宫，还同时掌控了参众两院，甚至会主导最高法院的未来走向。请问，美国在接下来的4年中会发展成什么样子？

接下来的发展在很大程度上取决于特朗普所任命的内阁成员和政策顾问。早期的迹象表明其任命并不引人注意，这还是我客气的评价。

接下来很多年，美国最高法院将会掌控在保守势力手中，其走向应该不会出乎意料。如果特朗普推行的是他自己所提出的接近保罗·瑞安的财政政策的话，那么对于那些已经积聚了大量财富的阶层来说绝对可以说是大的利好，有助于他们获得更加丰厚的利益。根据税收政策中心的估算，这一减税措施将会给位居顶端的1‰美国人
128 节省高达14%的税收，也能让在收入阶层中处于上层的那些人从中获得大量的减税收益，但是对于剩下的人来说，压根儿就不可能从减税中得到任何好处，甚至还可能因此而不得不承受比以往更高的税务负担。《金融时报》的著名经济通讯员马丁·沃尔夫评价道："这些税收提案将会给包括特朗普在内的美国富人阶层提供巨大的税收红利"，但同时却完全屏蔽其他人，当然也包括那些曾经积极为特朗普投票的选民。整个商业世界却欢欣鼓舞，那些大药厂、华尔街、军工行业、能源行业等，都在期待一个非常美好的未来。

这些政策中有一项倒是有着比较好的结果，那就是特朗普曾经允诺的基建政策。但是，特朗普掩盖了一个事实，这实际上是奥巴马推行的经济刺激计划中的一部分，该计划确实会给经济发展带来巨大利益，同时具有良好的社会效益。遗憾的是，该计划却被共和党控制的国会枪毙了，借口是这么做会让赤字激增。考虑到当时的利率水平相对低，我们可以看出共和党当时的指责完全是凭空捏造的。不过，这反倒给特朗普的政策提供了一张王牌。如今，除了基建政策，特朗普大力推进为富人阶级和各大企业大幅减税的计划，以及大幅提高国防开支的计划。

迪克·切尼（Dick Cheney）还为特朗普的政策提供了一个理由，前者曾经向小布什时代的财长保罗·奥尼尔（Paul O'Neill）这样解释："里根已经证明了，财政赤字不是什么大不了的问题。"在美国，共和党为了赢得民众支持，会制造出巨额财政赤字，留给他人解决，最好是留给民主党去解决，收拾乱摊子。这种套路还是管用的，至少会管用一阵子。

美国的外交政策方面还有很多问题，其中大部分都没有解决好。

特朗普和普京互相仰慕。您觉得我们能看到美俄关系进入一个新时代吗？

至少俄罗斯边境的紧张关系有望会得到缓解。这里需要提醒大家的是，我指的是"俄罗斯边境"，而不是墨西哥边境。我们不应该贸然进入那里的说法不绝于耳。还有一个可能性，欧洲很可能会和特朗普领导下的美国渐行渐远，正如我们早就从德国总理安格拉·默克尔和其他欧洲国家领导人的表态中感受到的那样，也正如我们从脱欧公投结束之后英国关于美国权力的舆论中所了解到的那样。这
一切很可能会帮助欧洲人消除与俄罗斯之间的紧张关系，甚至可能 129
加大努力，向着当初米哈伊尔·戈尔巴乔夫所建议的方向前进。戈氏构建的愿景是一个不基于任何军事联盟的欧亚一体化的安全系统，但是这样的愿景是主张北约东扩的美国所不愿意接受的。不久之前普京重新提起了上述愿景，我们并不知道其严肃性有多强，因为没有人接普京的茬儿。

和奥巴马政权甚至和小布什政权相比，特朗普统治下的美国，其外交政策的军事化特征是会加强还是会削弱？

我不觉得任何人能够充满信心地回答你这个问题。特朗普实在

是太不可预测了。有太多的问题至今仍然存在多种可能性。我们唯一能说的就是，如果能把民众动员起来，积极主动、有条不紊地采取行动，就一定能够有所改观、有所成就。

何去何从，利害攸关。对此，我们必须谨记于心。

全球变暖和人类的未来[①]

C. J. 波利赫罗纽： 在当今世界的众多科学家中，甚至包括政治 131
和社会学研究专家中，似乎正在形成一个共识，那就是，全球变暖趋势和气候变化现象给我们生活着的这个星球带来了有史以来最严峻的威胁。您认同这个观点吗？为什么？

诺姆·乔姆斯基： 在著名的《原子科学家公报》上，有很多专家为我们整个人类设置了“世界末日之钟”，对于他们的做法，我举双手赞成。到今天为止，他们的这座钟已经离午夜又近了两分钟——也就是说离午夜时分只差三分钟了——他们这么做是有依据的，是考虑到核战争和全球变暖趋势给人类带来的威胁正在日益加剧。这样的结论在我看来是很有说服力的。回顾我们整个人类的发展历程，我可以清晰地感知到，我们人类竟然能够在这个核武器时代继续生存着，这件事本身绝对是一个奇迹。我们已经目睹了很多次重复发生的可怕事件，我们眼睁睁地看着核战争几乎一触即发，很多时候归咎于预警系统的突然失灵，有些时候是因为一些未曾预估到的事故，还有一些时候则完全是那些政治领导人毫无理智，一味地采取冒险行动造成的恐怖后果。大家早就深知，一场规模浩大的核战争很可能会让人类陷入核攻击后的漫长核冬天，无论是攻击者还是被攻击者都在劫难逃。而如今，这样的威胁不仅没有任何减退的迹象，反而是日益加剧，尤其是在俄罗斯边境，这再次验证了乔治·凯南和其他著名政治人物曾经预先给出的警示，那就是NATO的无限制扩张，尤其是这个组织当下所推行的各种做法，终将会被证明是一个“悲剧性的错误”，是一个“会对人类历史造成与其本身规模相比大得多的政策错误”。

至于气候变化，时至今日，整个科学界早就已经达成了共识，一
132 致认为我们人类已经进入了一个全新的地质学年代，也就是我们大家都听说过的人类世。正是在这个年代，地球的气温在人类行为持续不断的影响下，开始以加速度发生改变，最终将使我们所生活的这个星球与最初的形态渐行渐远，可能再也无力支撑我们人类按自己的方式来维持有组织的人类生活了。有一种看法认为，人类早就已经进入了第六次种族灭绝时代，对此我们有足够的理由相信。6 500万年前，因为一颗巨大的小行星撞击了地球，摧毁了地球上75%的物种，使得地球进入了地质史上的第五次种族灭绝时代。与那次灭绝时代相比，我们现在所在的这个时代对于物种的摧毁程度早就超越了以往的规模。大气中所含的二氧化碳含量急速上升，其增速也是有地质历史记录的5 500万年前以来从未有过的。不妨引用一下一百五十多个举世闻名的科学家们在一份声明中曾经说过的原话，确实有很多人担心“全球变暖趋势，再加上极地冰山不断融化，常年冻土层持续释放出来的甲烷以及因此而引发的覆盖范围极广的野火，这一切的放大效应最终很可能变成一种根本不可逆转的趋势”，因此极可能给地球上包括人类在内的所有生命体造成灾难性的后果，而且这样的后果发生的时间节点显然并不是遥不可及的。海平

① 最早发表在2016年9月17日的*Truthout*。

面不断上升，冰川不断融化，彻底摧毁了人类赖以生存的水资源，光是这一点就可能对人类造成令人寝食难安的致命后果。

几乎所有的科学研究都指出，从1975年以来，地面气温确实在不断上升。《纽约时报》最近刊登的一份报道则再次证明科学家在几十年前就针对全球变暖趋势发出过的警告，到今天为止，随着陆地冰面不断融化，海平面不断上升，这些警告早就不只是理论上的推断而已。[①]但是，仍然还有不少人，不仅对目前的气候变化主要应该归咎于人类自身行为这一早就被大多数人接受了的科学观点提出质疑，而且甚至对地表温度这个指标的可靠性也表现出将信将疑的态度。那么，在您看来，这样的现象究竟是因为他们背后的政治立场的驱动，还是因为这些人确实在这些方面懵懂无知，甚至说这些人骨子里其实是惧怕所有的改变呢？

在当下这个时代，在这个算得上是人类有史以来最强大的国家，其中有这么多的国民拥有这么高的教育程度和这么多的特权，而我们的两个政党中的一个几乎完全拒绝接受这个涉及人类世气候变化的早就被足够证据证明了的事实。这种情况实在是令人无语。在2016年总统大选过程中，几乎所有参加党内初选辩论的共和党候选人都是气候变化的否定论者，唯一的例外是被称为"理性的中立派"的约翰·卡西奇，他倒是没有否认当下所发生的一切，但他同时又说我们不该对此多加干涉。长期以来，所有的媒体对这一问题的关注也都不那么积极。那些围绕着美国化石燃料制造、能源独立性等主题发表的报告，其调性总是非常轻松愉快，甚至基本上不会提到这些

① Justin Gillis, "Flooding of Coast, Caused by Global Warming, Has Already Begun," *New York Times*, September 3, 2016, www.nytimes.com/2016/09/04/science/flooding-of-coast-caused-by-global-warming-has-already-begun.html.

领域的所谓“高歌猛进”其实正在引领人类朝着最终的毁灭之路加速前行。当然，还存在其他相关原因。不过，在现在这样的情境下，
133 很多民众要么同样加入否定论者的行列，要么不认为问题有那么严峻，似乎不足为奇。

在全球范围内进行的有关气候变化问题的民意调查中，美国人对这个问题总是表现出比世界其他地区的民众更强烈的质疑态度。[①]您觉得究竟是什么造成了这种差异？这样的差异又透露出美国处在一种什么样的政治文化氛围当中？

美国本质上是一个商业主导的社会，这一特征比任何国家都更加明显。在这个国家，对利润和市场份额的短期考虑取代了理性的规划。宗教激进主义在美国拥有非同寻常的巨大影响。这对美国人的世界观产生了不可小觑的影响。在美国国内进行的民意调查中，被问及的美国人中几乎有一半承认说，他们坚信上帝在一万多年前（甚至更短的时间内）创造出了我们现在的人类，而且人类和猿人是不可能拥有同一个祖先的。还有很多美国人对于所谓基督二次降临的说法深信不疑。美国参议院环境委员会的领导人詹姆斯·英霍夫（James Inhofe）不断地强调说：“上帝就在那里看着我们，现在所发生的所有一切并不是无缘无故的。”因此，我们人类竟然敢妄想要采取干预行动，这是彻底的亵渎神灵的行为。他的话不止是代表了他自己的意见，还代表了很多其他人的看法。

① Joby Warrick, “Why Are So Many Americans Skeptical About Climate Change? A Study Offers a Surprising Answer,” *Washington Post*, November 23, 2015, www.washingtonpost.com/news/energy-environment/wp/2015/111/23/why-are-so-many-americans-skeptical-about-climate-change-a-study-offers-a-surprising-answer/?utm_term=.b9bd6860dfe2; Michael Roppolo, “Americans More Skeptical of Climate Change Than Others in Global Survey,” *CBS News*, July 23, 2014, www.cbsnews.com/news/americans-more-skeptical-of-climate-change-than-others-in-global-survey.

最近有关全球热处理废气排放问题的研究数据表明，我们人类一路前行，一路让废气排放不断上升。[1]那么，对于环境的未来，我们是否有乐观的理由呢？

我们还是有理由相信葛兰西（Gramsci）所说的“人类意志的乐观主义”的。选择还是很多的，只是范围正在缩小而已。有一些选择是很简单、很容易着手推行的计划，比如家庭取暖计划（这甚至还可能创造很多新的工作机会）；有一些选择涉及研发全新能源，可能是聚变式的能源，也可能是用新方法来利用地球大气层之外的太阳能（已经有人正式提出建议了）；还有一些选择是研发更有效的脱碳技术，这一新应用甚至有可能逆转我们人类对地球已经造成的巨大伤害。还有很多选择，我就不再一一赘述了。

考虑到人类行为的变化多半是缓慢发生的，而且要让整个世界经济朝着利用更清洁的新能源方向转移，显然可能会需要几十年的时间，我们是否有必要从技术层面来寻找一种能够真正解决气候变化问题的方案呢？

任何一种切实可行的解决方案，我们都应该不遗余力地去研究。 134
任何一种严肃认真的解决方案都需要借助于技术的不断进步，这一点当然是无可置疑的。但是，技术也只可能是解决方案的一部分而已。我们必须努力促成一些关键性的改变。肉类产品的工业化生产和制造对于全球变暖趋势确实有着不可推卸的责任。我们的社会经济体系的首要原则是为了盈利而组织生产，这种只求增长不顾其余的做法很显然是无法持续的。

---

① Justin Gillis and Chris Buckley, “Period of Soaring Emissions May Be Ending, New Data Suggest,” *New York Times*, December 7, 2015, https://mobile.nytimes.com/2015/12/08/science/carbon-emissions-decline-peak-climate-change.html.

还有一些更根本的问题则涉及到了我们所秉持的价值观：究竟什么样的生活才称得上是体面的生活？那种主仆式的关系是我们人类应该容忍的吗？一个人的人生目标真的应该只是商品最大化，也就是凡勃伦所说的“炫耀性消费”吗？对于我们人类来说，还有其他更高远更值得追求的目标。

进步和激进团体中的许多人，包括忧思科学家联盟（UCS），对于所谓的地球工程学解决方案持有相当的怀疑态度，有的甚至表示出了很强的反对意见。如果用一枚硬币来作比喻的话，这些人算得上是那些气候变化否定论者们的另一面吗？

在我看来，你的说法对于这些人来说似乎不够公允。UCS和类似组织的很多说法当然不可能百分百正确，但是它们确实给我们展示了不少非常严肃的值得认真探讨的方向。确实有类似他们的一群态度严肃的科学家敢于站出来挑战似乎已经占据了主流地位的共识。这些人完全不同于共和党领导层及其所代表的那批人，这些气候变化否定论者所推动的民众运动简直是倒行逆施。至于说到地球工程学，确实出现了严肃的规模不小的批判意见，比如克莱夫·汉密尔顿（Clive Hamilton）以及其他人都发表过不同意见，在我看来我们不应该轻易否定和抛弃这些意见。所有这一切完全不是基于无端的揣测和纯粹个人直觉的主观判断。相反，这些意见应该得到大家严肃认真的对待。当然，这需要利用最新最佳的科学理论和发现，同时不放弃任何明智的预防和善意的警告。

要真正化解气候变化给人类造成的威胁，我们还能够或者必须采取哪些及时、现实、可行的行动？

尽快停止使用化石燃料，加速提高对可再生能源的利用，研发新的可持续能源，采取有效的环保措施，这些措施都很重要。同样重要的是，要加大对滥用人力和自然资源的资本主义模式的批判力度。另外，决不能忽视环境效应，对于地球上的物种来说这种效应是不知何时就会敲响的丧钟。

如果人类没能消除和逆转全球变暖以及气候变化所造成的恶 135
劣影响，那么我们还有办法来预测50年后这个世界会变成什么样子吗？

如果目前的这种发展趋势不出现任何改变的话，那么最终的结果一定是一场浩劫，而且我们不用等太久就会看到这样的结局。我们生活的这个世界，绝大部分地区将会变得几乎无法生存，这将影响到地球上几十亿人的生活甚至生存。其他灾难也会层出不穷——细思极恐。

美国对他国选举活动的长期干涉[1]

137 **C. J. 波利赫罗纽：**诺姆，美国情报机构一直在指责俄罗斯干涉了美国的总统大选，其目的是为了提高特朗普获胜的机率。还有一些民主党领导人则公开说克里姆林官确实利用隐秘手段改变了美国大选的最终结果。那么，对于华盛顿政客们的喋喋不休，包括媒体和专家们的频频指责，您有什么看法？

诺姆·乔姆斯基：如果我们追溯一下历史的话，就会发现干涉别国选举活动其实是美国政府的一项绝活儿和惯用伎俩。所以，当全世界的人在观看美国政界高层和媒体关于俄罗斯干涉美国大选而吵得不可开交的时候，他们即便不笑掉大牙也会感到惊奇。当然，有人说这一次选举不同于以往也是有道理的，因为照美国的标准，俄罗斯这一次的所谓干涉实在是微不足道的，根本没有引起什么注意。

让我们讨论一下美国对他国政治的长期干涉，很多时候这些干涉活动通常都会披上同一件外衣——向全世界传播和推广美式民主制度——以便获得道德和政治上的正当性。

在美国外交政策的历史上，尤其是在“二战”结束之后，充斥着
138 各种颠覆和破坏活动：颠覆外国政权包括议会机构，采用暴力手段

摧毁平民组织，因为担心这些组织鼓动民众参与政治领域。

“二战”结束之后，美国致力于恢复更传统、更保守的秩序。为了达成这个目标，美国意识到自己需要采取一切必要的手段来摧毁那些反法西斯抵抗运动力量，支持纳粹和法西斯的同谋，削弱工会和其他民众组织的力量，防范激进的民主思潮和社会改革可能带来的威胁，因为这种思潮和改革在当时那个时代情状下仍是一股活跃的政治力量。这些政策被推广到全球范围：在亚洲，包括韩国、菲律宾、泰国、印度尼西亚，还有很重要的日本；在欧洲，包括希腊、意大利、法国，还有很重要的德国；在拉丁美洲，包括中央情报局所定义的当时最具威胁性的问题——危地马拉和玻利维亚国内盛行的“激进民族主义”。

有很多时候，执行这样的任务需要使用暴力。在韩国，光是在20世纪40年代末就有大约10万人惨遭由美国一手扶植并指挥的国家安保部队的毒手。这一惨绝人寰的人间悲剧发生在朝鲜战争爆发之前，在乔恩·哈利迪（Jon Halliday）和布鲁斯·卡明斯（Bruce Cumings）看来“本质上”是内战的一个阶段——其标志是大规模的外部力量干预——而内战则为“一场由两支本土军队相互缠斗的战争：一方面是革命民族主义解放运动，其根源是该国人民为了反殖民地统治而展开的浴血奋战，另一方面则是想维持现状的保守运动，尤其是想维持不公平的土地制度”，后者在美国占领期间重新恢复了统治地位。同一段时间，在欧洲的希腊，成千上万的普通民众被杀戮，被折磨，被监禁，或者因为参与了由美国直接组织和领导的反复辟运动而被流放，最终的结果是传统精英分子又一次掌控了领导权，其中甚至包括和纳粹分子勾勾搭搭的那些人，而以农民和工人为基

① 最开始发表在2017年1月19日的*Truthout*上。这一次访谈中的某些资料是由《抑制民主进程》（*Deterring Democracy*）一书中的摘要改编而成。

础的共产党领导的曾经积极参与反纳粹运动的力量则被打压、被束缚。在那些已经实现了工业化的社会中，同样的政治目标也得以实现，只不过是采用了相对不那么暴力的手段而已。

也有人指出，即便是在那些高度发达的工业化民主国家，比如说20世纪70年代中期在澳大利亚和意大利，美国事实上也多次卷入其中，亲自上阵组织各种颠覆行动。是这样的吗？

确实如此。有很多证据可以表明，由于担心澳大利亚的惠特拉
139 姆政府很可能会干预华盛顿在澳大利亚设置的军事和情报基地，美国中央情报局1975年曾经直接卷入了澳大利亚的颠覆行动，并最终推翻了惠特拉姆领导的工党政府。自从1976年美国国会撰写的《派克报告》公诸于众之后，公众已经普遍知晓了中央情报局对意大利政局的大规模干预活动。该报告指出，从1948年到20世纪70年代早期，光是为了拉拢那些美国所青睐的政党和联盟力量，美国就投入了六千五百多万美元。1976年，有人公开披露了一个隐藏多年的真相，那就是，美国中央情报局曾经花费了600万美元用来支持反共产党的候选人，最终造成意大利阿尔多·莫罗（Aldo Moro）政权的覆灭。就在那个时期，欧洲大陆的共产党组织正在朝着多元化和民主化的独立政党方向转变，这样的发展趋势事实上既不能让华盛顿满意，也无法取悦莫斯科。正是因为如此，当时两个超级大国都竭力反对西班牙国内共产党的合法化，也反对影响日隆的意大利共产党，而更乐于支持法国国内立场相对中立甚至有点偏右的政府。当年的国务卿亨利·基辛格曾经将西方联盟力量所面临的“重大问题”定义为“许多欧洲国家的内部演变”，这种演变很可能会让西方国家的共产党组织越来越受到普通民众的支持，最终帮助它们积聚起获得独立的力量，进而威胁到NATO成员国的切身利益。

美国对其他国家政治事务的不断干预通常总是披着传播美式民主的外衣，利用这样的信仰和教义来获得道德和政治正当性，但是其背后真正的用意是为了传播资本主义和商业统治的理念。那么，传播民主制度这样一种信念真的靠谱、真的站得住脚吗？

有关美国外交政策的众多信条中，没有哪一个能够像所谓传播美式民主这个信念更“根深蒂固”了。这样一个主题通常甚至都无须明确表达出来，它已经成为关于美国在世界上的地位和角色的说辞背后的假定前提和重要根基了。

这种信仰和教义听上去有令人吃惊的一面。但是，它也是有一定合理性基础的。如果“美式民主制度”是指采用通常意义上的选举手段同时又不对商业统治原则造成太大挑战这样一种政治制度的话，那么美国的政策制定者们毫无疑问是很期待全世界遍开美式民主之花的。对于民主概念还有另外一种理解，这种理解把民主定义为公民能够在公共事务的管理中发挥积极作用的一种。美式民主其实违背了上述原则，但是这并不有碍于美式民主的传播和推广。

那么，为了建立世界新秩序，美国的政策制定者们对于民主的概 140
念有着别样的理解，我们从他们的理解中能汲取什么样的教训呢？

随着第二次世界大战宣告终结，世界各地越来越多的国家从纳粹魔掌中解放了出来，随后却又产生了一个全新的问题，那就是，传统的精英群体名声扫地，而抵抗运动组织在战争中积累起来的声望和影响力则与日俱增，这在很大程度上要归功于这些组织能够积极回应工人阶层和穷苦大众的真实关切，而且也愿意致力于推动某种激进的民主运动。1943年，丘吉尔最信赖的顾问之一、当时正担任南非总理的扬·克里斯蒂安·史末资（Jan Christiaan Smuts）在谈及南欧局势的时候就曾经说过：“由于普通民众心中对政治的参与热情不断地被释放出来，我们很可能会遭遇一波混乱的局面，遭遇共产主义思潮的批量涌现。”他的这段话可以作为对“二战”之后整个西方世界所面临的左支右绌窘境的最好注解。他在这段话中所提到的“混乱”这一说法被人理解为对特权阶层的利益所造成的威胁，而“共产主义思潮”这一说法与人们通常的理解并无二致，不管“共产主义者”致力于实现的其他目标是什么，都不应该把“民主”理解为精英统治。正如那些精英群体一向以来所理解的那样，随着政治开始变得越来越宽松，我们不得不面临一场“民主危机”。

简而言之，在那个特殊的历史时刻，美国开始不得不面临一种经典的困境，即在很多工业化国家也进行第三世界国家那样的干预。尽管美国在军事和经济领域保持着强大地位，但是却避免不了“政治上软弱”的尴尬地位。所有的战术考量和选择都需要基于对自身优势和弱势的综合评估来确定。很自然，美国更倾向于采取武力干预和经济扼制手段，因为这是美国无人可比的两大强项。

马歇尔计划难道不是“二战”之后美国试图在欧洲巩固资本主义、推广商业统治的一个工具吗？

当然可以这么说。举例说，马歇尔计划将援助对象扩展到诸如法国和意大利之类国家，这一做法有一个关键的先决条件，那就是这些国家必须将共产党组织，包括那些在“二战”中起到关键作用的反法西斯抵抗运动组织和劳工组织，彻底排除在政府之外，排除在美国意义上的“民主”之外。在战后早期，对于欧洲那些因为战争而遭受无尽创痛的人民来说，美国提供的援助确实起到了举足轻重的作用，对欧洲的援助成了美国掌控这些区域的一个支点，这样的结果非常有利于美国的商业利益群体，有利于美国的长远规划。华盛顿政客
141 们担心的是，如果不给意大利和法国提供足够资金援助的话，这些国

家的共产党左翼力量最终会蓬勃发展，甚至取得全面胜利。

在向公众宣布马歇尔计划的当晚，美国驻法大使杰斐逊·卡弗里（Jefferson Caffery）就曾经警告过时任美国国务卿的马歇尔，一旦共产党赢得法国大选，那将会造成可怕的后果："苏维埃对西欧、非洲、地中海和中东地区的渗透会如虎添翼"（1947年5月12日）。多米诺骨牌一触即塌。就在5月，美国使用各种手段迫使法国和意大利领导人组成联合政府，将两国的共产党组织彻底排除在外。美国的真实用意昭然若揭，那就是，所有的援助都不是无条件的，其前提就是这两个国家必须彻底阻止政治上的公开竞争，因为如果出现竞争，左翼和劳工组织很可能会彻底掌控这两个国家的政权。整个1948年，国务卿马歇尔和其他政治人物纷纷走到前台来，不停地重申，如果共产党通过选举最终进入了权力统治圈，那么美国很可能马上终止对这两个国家的无偿援助；考虑到欧洲当时所面临的状态，这样的威胁所起到的作用不能算小。

战争让战后的法国一片狼藉，美国趁机削弱了法国劳工运动的力量，当然这期间也少不了直接的武力干预。由于食物匮乏，法国人不得不听命于美国。美国还暗中将各地的暴徒组织起来，让他们充当打手，阻挠工人的罢工运动。想要了解当时所发生的一切，我们可以去查看半官方性质的美国劳工史，其中还以略带自豪的语气对那个时代的劳工运动历程进行了比较详尽的描述，高度赞扬了美国劳工联合会（AFL）是如何通过分裂和削弱欧洲的劳工运动（成功地阻击苏维埃的计划）拯救了欧洲大陆，而且为法国在印度支那发动的光复战争输送了武器。这是美国劳工官僚组织的另一项重要使命。早期，为了完成任务，美国中情局甚至重新组织并利用当地的黑帮集团，虽然不给后者提供报酬，但允许他们重新开始毒品海洛因交易。美国政府和贩毒势力之间几十年来一直藕断丝连。

美国在意大利推行的所有政策则都遵循了这样一个基本原则，那就是，重新获得因为第二次世界大战而被破坏掉的曾经拥有过的一切利益。从墨索里尼1922年彻底掌控意大利政权一直到20世纪30年代，美国一向对这一法西斯政权采取积极支持的立场。可惜的是，墨索里尼在“二战”期间和希特勒形成了联盟，从而彻底切断了美意之间的友好关系。但是，随着美国军队在1943年解放了意大利南部地区、一手扶植了由意大利陆军元帅巴多利奥（Pietro Badoglio）以及曾经和法西斯政权眉来眼去的皇室家族掌控的新政府，美意过去曾经有过的友好关系终于得以恢复了。随着盟军不断向北部地区挺进，他们驱散了反抗法西斯的抵抗运动力量，同时联合在这一过程中建立起来的地方政府，致力于在从德国军队手中解放出来的那些区域建立全新的民主国家。而最终，在新法西斯分子的积极参与和
142 支持下，一个相对中立但又偏右的政府开始全面掌控局面，左翼力量则逐渐被孤立在外，直至最终被彻底排挤出去。

意大利与别的国家一样，政府最终选择的计划是让工人阶层和劳苦大众来承担国家重组过程中必然会面临的沉重负担，这些人的工资收入水平急速下降，不得不面临大规模的失业。所有的外来援助都需要遵循同一个先决条件，那就是，政府必须将共产党人和左翼社会活动分子隔绝在外，因为那时候美国国务院认为，共产党人和左翼社会活动分子为了工人群体的切身利益一定会挺身而出，一定会给美国试图以自己的方式和风格来重建意大利新政府的努力造成巨大阻碍。正如詹弗兰科·帕斯奎诺（Gianfranco Pasquino）一针见血地指出的那样，共产主义政党坚守的立场的“本质是所有的改革都需要让位于解放意大利这样一个终极使命，因此必然会影响到北部地区人民希望进行政治改革以及彻底改变工业企业所有权的积极性和热情……最终会拒绝希望将有些工厂收归到人民手中的工人组织

的要求，彻底浇灭这些组织的革命热情”。凯南和其他政治人物坚持要把共产党从新政府中排除出去，但同时又承认说，如果能够在新政府中吸收一些如历史学家约翰·哈珀（John Harper）所称的“具有民主意识的劳动阶层成员”也是“很不错的”。哈珀注意到了上述说法，但他接着评论说，共产党确实也努力确保穷人的工作机会、工资收入和生活水准，这“给整个欧洲的重建计划造成了政治和心理障碍”。当时政界的普遍共识是，重建意大利的代价必须由劳动阶层和贫苦大众来承担。

由于积极响应这些社会阶层和群体的切身需求，共产党被美国的宣传机器贴上了“极端分子”和“不符合民主理念”的标签，也正是同一台宣传机器娴熟地操纵了所谓来自苏维埃的威胁。迫于美国施加的无形而又巨大的压力，意大利的基督教民主党彻底摒弃了战时关于在企业里推行民主制度所作的承诺；而警察力量，有些时候是被前法西斯分子所掌控，也被鼓动起来了，成为了镇压劳工组织活动的帮凶。梵蒂冈也公然宣称，在1948年意大利大选过程中，谁要是给共产党投票，谁就会被教会宣布为亵渎教会；梵蒂冈支持持有保守立场的基督教民主党，其口号是“你要么赞成基督，要么就是在反对基督”。一年之后，庇护教皇则干脆将所有的意大利共产党人驱逐出了教会。

使用暴力手段，采取经济援助和其他威胁手段，进行铺天盖地的宣传，所有这一切加在一起，足以对1948年的意大利大选产生举足轻重的影响。那次大选的结果完全是由美国的公开干涉和暗中施压所决定的。

美国中情局在意大利大选过程中所推行的一系列暗中行动，最早是在1947年12月由美国国家安全委员会批准的，这也可以算是这一新成立不久的机构实施的第一次重大隐秘行动。中情局试图颠覆意大利民主进程的行动到20世纪70年代仍然在广泛地进行。

在意大利以及世界上很多国家，美国劳工组织的领导者（基本上都来自美国劳工联合会），在分裂和削弱这些地区劳工运动的影响力、诱使工人接受紧缩政策确保雇主获取丰厚利润方面扮演了活跃的角色、发挥了明显的作用。在法国，AFL曾经将美国企业雇佣的意大利劳工运送到法国，让他们在法国码头工人罢工期间继续上班，以此来干涉法国码头工人的计划。美国国务院也一向致力于呼吁联邦政府的领导人向意大利传授打击工会组织的经验，这些领导人往往积极响应、欣然前往。意大利的工商界曾经因为和意大利法西斯势力沆瀣一气而名声扫地，但在战后重拾了信心，准备投入一场轰轰烈烈的阶级斗争。最终的结果是，工人阶层和贫苦大众不得不向传统的统治阶层彻底低头。

后来，有人发表评论说，美国对法国和意大利的民主政治的干预是对民主制度的维护。罗德里·杰弗里斯–琼斯（Rhodri Jeffreys-Jones）针对中情局和美式民主作了颇受好评的研究，把"中情局在意大利的行动"，以及在法国的同样性质的行动，描述为"一种大力推动民主制度的行动"，当然他也不得不承认"选择意大利作为行动目标，得到了特殊的关注……并不只是基于民主原则本身的考虑"；我们对民主的热情被下列因素所强化：意大利这个国家的战略重要性。但是，正是对"民主原则"的信念和使命激发了美国政府在意大利强制推行美国所选择的社会和政治制度，在此过程中，美国利用了自己所掌控的巨大权力，也利用了意大利作为战争受害者所面临的匮乏和苦难。因为是战败国，意大利必须接受这样一个教训：如果我们美国人想推广真正的民主制度，你们意大利人最好就乖乖听话。

詹姆斯·米勒（James Miller）关于美国的意大利政策的专著提出一个更深入的观点。对那段历史进行了全面分析之后，他总结道：

> 回看历史，美国为“二战”之后意大利局势的稳定还是作出了显著的贡献，当然也经历了一些麻烦。在强大的美国的帮助下，意大利人拥有了自主选择未来新政府的权利，选择了民主道路。为了保护意大利民主制度免受国内外各种势力可能被夸大了的真实威胁，美国使用了不少不符合民主精神的手段，这些手段在一定程度上削弱了意大利政府的合法性。

他在上文中提到的“国外势力的威胁”，事实上并不是真实存在
的；在美国操控1948年意大利大选，并且重新恢复传统、保守秩序的
整个过程中，苏维埃政权只是作壁上观，严格地遵循其在战时与丘吉
尔之间达成的协议——让意大利留在西方阵营中。而所谓的“国内 144
势力的威胁”很显然指的是对民主制度造成的威胁。

美国对意大利政治的干预其实赋予了意大利人民自由选择权，并确保他们选择“民主制度”（当然是符合我们对概念的特殊理解意义上的），这种说法让人不由得联想起美国对待拉丁美洲的极端鸽派立场：只要不损害美国的利益，拉美人民可以要自由有自由、要独立能独立。

无论是在国内还是在海外，民主制度的理想很简单也很直接：你可以自由地去做任何事情，只要那是我们（美国）要求你做的事情。

奥巴马政权的政治遗产[1]

145 **C. J. 波利赫罗纽：**2008年，巴拉克·奥巴马通过大选成为美国总统，当时我们每个人都对他充满了期望，乐观倾向似乎压倒了一切，而当时正好是一个非常特殊的时期，整个国家正在经受着金融危机所造成的全面冲击。根据奥巴马自己的说法，那次金融危机完全“应该归咎于遍布世界各地的一批金融机构失控了的冒险行为，它们完全放弃了谨慎原则”。危机的罪魁祸首包括“华尔街那些家伙”。关于奥巴马登上世界权力最高峰的历程，包括那个世人皆知的芝加哥地产开发商和政治权势暗中操盘手托尼·雷兹科（Tony Rezko）究竟给前者的政治生涯提供了多少资助，我们可以找到比较详尽的记录，但是其作为总统的遗产尚未得到充分的梳理。在您看来，首先，是奥巴马把美国经济从濒临崩溃的绝境中拯救出来的吗？其次，他推出过什么有效的政策来控制“毫无节制的金融行为”了吗？

诺姆·乔姆斯基：你提到的第一个问题，还是有些争论的。有些经济学家辩驳说，通过采取拯救银行的措施来避免更严重的经济危机这种做法并没有太大的必要性，因为如果真的有一些大银行因为危机而倾覆，那反倒有可能促进整个系统的恢复。迪安·贝克就是持有这一观点的经济学家之一。如果非要我在这个问题上给出清晰而又坚定的观点，我还不那么自信自己有这个判断力。

至于第二个问题，多德–弗兰克（Dodd-Frank）提出的建议显然
比你上文提到的措施前进了好多步——让整个金融系统变得更加透
明，推行更加严格的储备金要求，等等——但是，国会的无端干预反
倒放松了监管，比如关于金融衍生品的交易，这自然会引发多德–弗
兰克的强烈不满。还有一些人，比如马特·塔伊比（Matt Taibbi），曾 146
指责说正是华尔街和国会之间的串通合谋才使得所有的改革措施从
一开始就遇到阻碍，作用和效果大打折扣。

那么，在您看来，2008年金融危机背后的根源究竟是什么？

那次危机最容易被人一眼识别的根源是房产价值的泡沫化，造成这一泡沫化后果的主要是高风险的次贷因素，同时又叠加上了五花八门的金融工具。金融机构设计出这些工具来分配（转嫁）风险，但是这些工具设计得太复杂了，很少有人能够搞得清楚究竟是谁欠了谁钱。事实上，那次危机更根本性的原因是市场失效问题。如果你和我两个人同意进行一项交易（比如说，你卖给我一辆车），那么我们俩可能都很满意，但是在这场交易中我们显然并没有考虑到其对周围其他人所造成的影响（比如对环境造成的污染问题、交通堵塞问题、汽油价格上升问题等）。但是，这些被我们称为“外部效应”的变量事实上产生的影响也很大。对于金融机构来说，其效应是因为忽视了“系统性风险”，把风险的价格定得过低了。因此，如果高盛公司向外部放贷，在管控有效的情况下，他们着重考虑的是借款者失信的风险，而对金融系统整体而言可能造成的风险则不予考虑。其最终结果很显然就是风险定价过低，而这就会给正常的经济带来

① 最早发表在2016年6月2日的*Truthout*。

很大风险。从理论上讲，只要监管措施得当，风险是能够掌控的，但是可怕的是我们的经济变得越来越金融化了，加上要求放松管制的呼声甚嚣尘上；可笑的是放松管制的要求完全建立在“有效市场”和“理性选择”这样的神学观念的基础上。非常耐人寻味的一点是，在那场金融危机中，对当初所推行的极具破坏力的政策应该负主要责任的那几个人（罗伯特·鲁宾［Robert Rubin］、拉里·萨默斯、蒂姆·盖特纳［Tim Geithner］和其他几个人）在奥巴马的第一个任期内竟然被推选为首席经济政策顾问。从前些年的神坛上走下来的“英雄”艾伦·格林斯潘，最终也不得不暗中喟叹：他自己其实并不理解真实的市场是如何运作的——这是“多么痛的醒悟”。

造成风险定价过低还有其他一些因素。政府对于公司治理的政策起到了适得其反的激励效果：公司高管采取高风险的短期行为不仅不会被处罚，反而会受到嘉奖，一旦情况不妙，他们往往把烂摊子留给别人，自己却乘着“金色降落伞”溜之大吉了。种种种种，不一而足。

可以说2008年的金融危机再次证明资本主义本质上是一种寄
147 生制度吗?

大家注意区分“真实存在的资本主义”和理想的资本主义之间的巨大差距——至少在富国和强国这一差距普遍存在。因此，在美国，其发达经济严重地依赖如下安排：成本和风险社会化，最终利润私有化。所谓“最终”事实上是指长期：以现代高科技经济体系的核心，也就是计算机和互联网行业为例，这里的长期是好几十年。如果我们真的想要搞清楚问题之所在，还需要破除很多神话。

从很多政策来看，现存的国家资本主义经济都是“寄生”在政府和公众身上的，比如政府对企业的紧急救助（既存在于虚拟经济，也普遍地存在于实体经济当中），以及具有高度保护主义特征的“贸易”措施，这些措施使得企业拥有垄断定价权。这样的政策不胜枚举。

在担任美国总统的第一个任期内，奥巴马事实上不得不经常面对国会山那批对他满怀恶意的议员，这样的恶意在他的两任任期内一直未曾消除过，这一点您也从未否认。奥巴马算得上是一个真正的改革派吗？还是说，他更像是一个公众舆论的操纵者？在一个不平等现象日益严重，越来越多的人开始忧虑美国未来的特殊年代，他比较善于玩弄政治修辞术来消解民众希望国家变化和进步的不满情绪。

事实上，在刚入主白宫的头两年，奥巴马还是得到了国会的普遍支持的，那段时间也是他向美国民众推出最多新政的时期。不过，我个人并没有看出来他有进行大刀阔斧的改革的意愿和勇气。在2008年党内初选前，我就曾经基于他以总统候选人身份展示的网页上的内容发表过针对他的评论。温和一点说，他留给我的印象并不深刻。实际上我有点被他给惊呆了，因为上述讨论过的原因。

就以平价医疗法案为例吧。这是奥巴马及其积极支持者高度评价的标志性成就。当初有一个可供公众选择的方案（实际上就是全民医保方案），但是却被奥巴马给悬搁在那儿了。这一方案事实上得到了差不多2/3的民众的支持，但是，根本没被认真地考虑就轻易放弃了。而那个禁止政府参与药品价格谈判的令人匪夷所思的法案虽然遭到了85%的民众的竭力反对，但最终还是通过了，民众的诉求很显然没有被充分讨论过。相对于美国已经在国际上闹出的笑话，奥巴马推行的那个平价医疗法案确实有进步，但同时也隐含着根本性的缺陷。

148 再来看看核武器。对于这一问题，奥巴马确实有感觉良好、可以吹嘘的地方——好到获得诺贝尔和平奖。这方面当然还是有进步的，但是这点进步是微不足道的，而且需要指出的是，美国当下的方向是错误的。

总结一下奥巴马的政绩：修辞颇有术，进步亦非无；错误连成篇，总体一般般。在我看来，这应该算得上是比较公平的评价，如果不考虑共和党在奥巴马任期内的立场和表现。在奥巴马刚被推选为美国总统的时候，共和党就明确地表示了其立场，那就是，做一个只关注一个问题的一根筋的政党——不遗余力地阻碍奥巴马成就任何事情，不管这样做会给美国乃至整个世界造成什么后果。这样的奇葩党奇葩行为，你在世界上任何工业化的民主国家都找不到。难怪最受尊敬的保守派政治分析师（比如托马斯·曼或者任职于保守的美国企业研究所的诺曼·奥恩斯坦）要把共和党比作一支“激进的叛乱势力”，认为该党已经彻底摈弃了所有正常的议会政治原则。

在外交政策领域，奥巴马曾经宣称，他致力于开创美国历史上的全新时代，要与诸多前任穷兵黩武的军事扩张行为划清界限，转而尊重国际法、推行积极外交。您怎么评判奥巴马政府所推行的美国外交和军事策略？

在派出地面部队方面，奥巴马确实比某些前任和顾问要审慎，但是他快速采取了很多特殊行动，频繁使用无人机在全球范围执行定点消灭计划，这样的举动从道德层面来说绝对是一场灾难，而且很可能是违法行为。[1] 在其他领域，奥巴马的政策是非参半。在中东地区，奥巴马一直致力于废除所谓无核武器（技术上讲，无大规模杀伤

1 On the latter matter, see Mary Ellen O'Connell, "Game of Drones," *American Journal of International Law* 109, no.4 (2015): 889f.

性武器）区。各种事实都表明，他这么做是出于以色列的核武器不受他人监管这一需求。他的这些举动事实上是在破坏《防止核扩散条约》，这是一个最重要的裁军条约，其前提条件是在中东地区建立上述无核武器区。在俄罗斯边境，奥巴马承袭了美国之前的政策，加剧了那里的紧张局势。他推行了一个需要投入几万亿美元的旨在推动核武器系统全面现代化的计划，这项计划简直就是倒行逆施。在他任内签订的投资者权利协定（冠以了“自由贸易协定”的名义）只会伤害到广大民众，却让工商企业大大受益。面对拉丁美洲的压力，奥巴马明智地低了头，主动采取行动，恢复了和古巴之间的正常关系。奥巴马的外交政策善恶混杂，既有严重的犯罪行为，也有一定的变革和进步。

关于美国的经济状态，我们每个人都很容易感觉到，2007至 149
2008年间发生的金融危机的阴影并没有消散，政府新推出的一系列政策仍然在抑制工人阶层生活水准的提高，使他们时刻在经济上面临严重的不安全感。那么，这一切是否应该归咎于新自由主义和美国经济的特殊性呢？还是说，一切都是因为全球性和系统性因素的影响，比如资本的自由流动性、自动化进程以及工业化的终结？

新自由主义思潮给普通民众带来的冲击从来没有停止过，只不过美国的情况要比欧洲轻一点而已。自动化进程并不是一个重要的影响因素，工业化也没有终结，只不过是转移到了海外而已。毋庸置疑的一点是，金融化进程确实是在新自由主义时期加快了。美国的政策大部分都会产生全球性影响，通常来讲其初衷都是为了强化私有企业的权力。这种政策会产生恶性循环，财富的集中往往导致政治权力的集中，政治权力的集中又会通过立法和行政实践让财富进一步集中——周而复始，循环往复。当然，对抗性的力量也是存在的，而且这些力量也可能变得日益强大。这样的潜力确实是存在的，正如我们从桑德斯的选举活动中所目睹的那样。这样的潜力同样存在于特朗普的选举活动中，但是有一个前提：那些特朗普积极争取的白人工人阶层能够真正组织起来，全力以赴地争取和维护他们的切身利益，而不能再像过去那样，成为供自己的阶级敌人任意驱遣的奴隶。

特朗普所推行的各种政策的一贯性程度，基本上等同于保罗·瑞安推行的政策，后者还帮我们作了明确的梳理和总结，主要是两点：一增加军费开支（早就超过了美国可自由支配的国民收入的一半，几乎是除美国以外的全球所有国家的军费开支的总和）；二大幅减税，主要的减税对象当然是富人阶层，但是美国并没有找到新的收入来源。一句话，美国政府根本不会推出什么有利于普通民众、有利于世界的政策。特朗普公布了很多政策和计划，但是很多都是非常随意的，还经常自相矛盾。要说哪项政策是他独立推动的也没那么容易，他的很多说法都是老生常谈——而他支持社保和医保政策的那些表态也都是毫无价值的。

由于作为“激进的反叛势力”的共和党很难通过其所推行的政策来把白人工人阶级动员起来，于是就通过所谓的“社会—文化议
150 题”来吸引其核心选民，这些议题包括宗教信仰、恐惧心理、种族主义和民族主义等。共和党的这些主张显得颇为奏效，因为民主党的帮忙——后者已经彻底背离了白人工人阶级的需求，对这一群体采取一成不变的口惠而实不至的态度。指责这些白人工人阶级带有种族歧视倾向、犯下其他罪行的自由主义专业阶层其实是站着说话不腰疼。事实上，如果我们对现状进行仔细分析，就会发现这一顽疾已经根深蒂固了，已经蔓延到社会的各个方面了，只不过其表现形式经常变换而已。

奥巴马的个人魅力以及他独一无二的演说才能对他登上权力顶峰功不可没，而唐纳德·特朗普是一个性格外向的人，他热衷于向众人展示他强大的人格魅力，让人觉得他是一个雷厉风行的成功人士，为了塑造其所孜孜以求的美国未来领导人的形象而不择手段地进行自我宣传。那么在您看来，政治家的个性在政治领域里真的有那么重要吗，尤其是在我们自己所处的这个时代？

说老实话，对于那些魅力型领导人，还有那些强势领导人，我通常并不看好。我认为，我们真正应该着重考察的是领导人的努力方向和实际行为。在我看来，在我们美国这样一个社会，最优秀的领导人应该是罗斯福总统那样的人，他能够依托民众力量推行有意义的社会变革，对民众需求有所响应、民众命运有所同情、民众运动有所鼓励。

想要通过竞选成为国家领导人的政客一定确实需要有不凡的演技吗？

选举活动，尤其是在美国，通常是由广告行业在背后操纵的。巴拉克·奥巴马的2008年总统选举活动就被广告行业推举为年度最佳营销运动。

在最后一次以总统名义发表国情咨文的时候，奥巴马表现得更像是一个正在竞选总统的候选人，而不是已经在白宫待了整整7年的在任总统。您如何评价奥巴马在那次演讲中为美国描述的未来8到10年的愿景？

在那次演讲中，他似乎忘了自己是8年前就被推选为总统的。奥巴马本可以精忠报国、大有作为的。但是可惜的是，正如我先前已经指出的那样，即便是他的“标志性”政治成就即医疗改革法案，也

151 是大打折扣的。尽管有人通过宣传竭力攻击政府对医疗领域的介入，尽管对这种攻击的回应是非常有限的，但是大多数美国民众（民主党选民中的绝大多数）都是拥护全民医保方案的，问题是奥巴马却置之不理，根本没做任何尝试，即便是在他得到国会支持的情况下也不愿意尝试一下。

您曾经指出核武器和气候变化是我们人类在当今时代所面临的两大威胁。娜奥米·克莱因（Naomi Klein）等人认为，气候变化是资本主义直接造成的后果，而英国哲学家约翰·格雷（John Gray）则认为气候变化与人类整体和社会进步相关。您的看法是什么？

地质学家通常使用纪元来划分我们人类所居住的这个星球的漫长进化史。更新世延续了几百万年，紧随其后的便是以一万年前农业革命的肇始为起点的全新世，而最近我们所生活的年代则属于人类世，这是和工业化进程相呼应的一个时代。我们所称的“资本主义”——在实际运作中，其实是国家资本主义的各种变形——在交易过程中更倾向于市场原则，而忽视那些非市场因素，即被称为外部效应的成本和代价，就好比比尔和哈利达成交易时给汤姆带来的成本和代价。长期以来这一直是一个很严肃的问题，就像金融体系中的系统性风险一样，在这种体系中，“市场失败”的代价往往需要纳税人来承担。还有另外一种外部效应，那是对环境的破坏——在这种情况下，要想恢复整个系统，即便有纳税人也无济于事、无力回天。这根本不能被轻描淡写地视为只是“人类整体和社会进步”的问题，而恰恰是一种特殊的社会和经济发展形式，当然不完全局限于资本主义这种形式；推行专制统治的俄罗斯的国家主义（这里并不等同于社会主义）比资本主义要糟糕得多。在现存的系统框架内，我们事实上也有不少重要行动可以采取（碳排放税、替代性能源、自然资源保护等)，把这些措施进行到底，发挥到极致。不仅如此，我们还必须重建整个社会和文化，更好地满足人类需求，而不能唯权是图、唯利是图。

现在有不少人正在致力于利用地球工程技术来清理环境，比如说利用负碳技术来吸收大气中的二氧化碳，对此您有什么看法？

在对这些行动进行评估时，我们必须十分审慎，必须关注很多关键问题，从小的方面来看有技术问题，从大范围来看有社会和环境影 152
响，这些问题都比较复杂，也很难理解。吸收大气中的二氧化碳有很多做法——比如植树造林——而且这些做法确实应该继续，争取产生更好的结果，但是我个人在这方面显然缺乏足够的专业知识，因此很难给出比较明确的答案。另外还有很多奇思妙想，我们应该根据其自身的优点来审慎地评估其作用和意义。

当下，有一些有着举足轻重地位的石油生产国，比如说沙特阿拉伯，正积极推动本国经济朝着更加多元化的方向发展，很显然它们已经真切地意识到化石燃料取之不尽用之不竭的时代即将走到终点。考虑到这样的发展情形，一旦中东地区的石油不再成为稀有资源的时候，美国对中东地区的外交政策是否也应该进行重大的调整呢？

沙特阿拉伯的领导者现在开始讨论这一话题，其实已经为时已晚。几十年前，他们就应该认真地考虑这样的规划。如果目前这种发展趋势仍然没有任何改变的话，那么不久的将来沙特阿拉伯和其他海湾国家很可能都再也不适合人类继续居住下去了。让人哭笑不得的是，毁灭这些国家的毒药完全是由这些国家自己制造出来的。这句话对我们美国也成立，只不过不至于像海湾国家那么直接。至于目前这些国家有多么严肃多么认真地推进上述规划，我觉得情况并不是很清楚。有不少人都抱持着怀疑和观望的态度。推特上有个评论,说沙特阿拉伯竟然因为担心会触电而将电力部门和水利部门完全隔绝开来。这充分地折射出一种普遍的态度。这没什么值得大惊小怪的。

对富人实行社会主义，对穷人实行资本主义[①]

C. J. 波利赫罗纽： 诺姆，人们通常认为美国是资本主义经济制 153
度的原型，而在您发表过的好多著作中却一直在质疑这一观点，您能解释一下为什么吗？

诺姆·乔姆斯基： 你需要考虑如下情形：每一次发生危机，都是靠我们这些纳税人来拯救那些银行和金融机构。如果你所推行的是实实在在的资本主义经济制度，那么怎么可能发生这种情形呢？那些在投资时完全不顾风险，最终血本无归的资本家一定会被清理出场的。但很显然豪富阶层和权势群体是不希望看到国家推行资本主义制度的。他们真正希望的是一个掌控权完全落在他们手上的保姆式国家，一旦自身面临各种问题的时候就可以迫使纳税人来无偿地拯救他们。对此，有一个专门的说法："大而不倒"。

好几年前，IMF曾经就美国几家航母级的银行的获利能力进行过一次耐人寻味的研究。研究结果表明，这些银行每年获取的丰厚利润绝大部分都来自政府以隐晦的方式推行的有利于银行的保险政策，这些保险措施不仅包括各种救助计划，而且还能让这些大银行获得低廉的信用贷款，甚至还包括一些连IMF自己的研究员们过去都未曾考虑过的手段，比如说有的激励机制让这些银行在执行交易时可以压根不去考虑可能的风险，也因此可以在短期内获得更高的利润，而一旦情况不妙，这些银行也完全不用担心，因为有纳税人为它们托底。根据《彭博商业周刊》的估算，每年我们纳税人在不知不觉中为这些金融机构提供的资助超过800亿美元。

关于经济不平等现象，不论是演讲还是著作都发表过很多了。
154 那么，在您看来，当今这个资本主义时代所面临的经济不平等和美国历史上自废除黑奴制度以来各个时期的经济不平等相比，有很大不同吗？

当今这个时代我们所面临的不平等几乎是史无前例的。如果你认真看一下整体的不平等状况，你会发现，当今这个时代已经成为美国建国以来最糟糕的几个时期之一了。但是，如果你更仔细地分析一下当今这个时代的不平等现象，你就会发现，问题的症结在于社会财富完全被掌控在一小撮人手中。在美国历史上确实有好几个时期，比如说镀金的20世纪20年代和繁荣的20世纪90年代，都曾经发生过与当下相类似的情形，但是，当今这个时代的不平等绝对算得上是极端的，因为不平等是有人积聚了超级财富造成的。光是从字面上来理解，在现在这个时代，算得上超富阶层的人只占总人口的1‰。这样的分配本身就已经体现出了极端的不公正性，而且这种情况还代表了一种令人深感不安的发展趋势，这种发展最终会彻底侵蚀我们的民主制度，让我们打造美好社会的愿景破灭。

我们上面提到的这些问题对于所谓的“美国梦”意味着什么？“美国梦”是否已经破碎了？

---

① 最早发表在2016年12月10日的*Truthout*。

“美国梦”一直围绕着一个核心，那就是阶层流动性。出身贫困的你仍然可以通过辛勤的劳动摆脱贫困，为下一代开创更美好的未来。一个工人找到一个收入还不错的工作，给自己买一套房子，配一辆汽车，给孩子准备好教育费用——曾几何时，这一切并不是天方夜谭。但现在，所有这一切都彻底崩塌了，而且我们也绝对不该因为这种可怕的情形目前似乎只发生在部分人身上而产生一种侥幸的幻觉。当今美国的社会流动性已经不如世界上其他富裕国家了。

那么，我们是否可以就此认定美国仅仅是名义上的民主国家？

美国一向标榜的就是，只有美国自己才算得上是一个地地道道的民主国家，但是很显然，真相是美国早就已经演变成了某种意义上的财阀统治国家。不过，如果比较地来看，美国社会的开放度和自由度还是不错的。在一个真正的民主国家中，所有政策的制定都应该是由公众来决定的，而政府的职责就是推行由公众决定了的行动方案。但是，美国政府所制定和执行的绝大部分政策都是有利于企业和金融机构的利益。还有一点也很重要，我们需要理解社会中的特权和强权阶层从来就没有真正地认同民主制度，其背后的根源当然也不是那么难以理解。真实意义上的民主制度的原则是权力应该交付到公众手中，而不是像现在这样，权力完全由特权阶层来掌控。事实上，这个国家的特权和强权阶层总是在千方百计地阻止权力落到民众手中。在这一方面，历史似乎从来没有进步过。

财富的不断集中最终必然会造成权力的不断集中。我一向认 155
为，这是一个不容辩驳的事实。资本主义发展到最后，通常都会形成财富不断集中的趋势，那么，我们可以由此而判定资本主义制度本质上是和民主制度相对立的吗？

财富的不断集中很自然会造成权力的不断集中，相应也就会引发政府通过各种手段制定出有利于财富和权势阶层的法规，这会进一步加剧权力和财富的集中。政治领域大力推行的很多措施，比如财政政策、放松管制和公司治理规则，其初衷都是为了提升财富和权力的集中度。这就是我们在整个新自由主义时代所目睹的一切。这是一个邪恶的循环怪圈，而且还在不断地加剧。国家存在的价值就是为社会中的特权和强权阶层的利益保驾护航，而被排除在外的广大民众则不得不面对资本主义制度下毫无人性的残酷现实。对富人实行社会主义，对穷人实行资本主义。

是的，在这个意义上资本主义确实会削弱民主制度，对此我并没有什么异议。但是，刚才我们所提到的，也就是那个权力和财富不断集中的邪恶的循环怪圈事实上也并不是什么新现象，亚当·斯密早在1776年就对此有过详尽的描述。他在那本传世名著《国富论》中就提到过，在他生活着的那个年代，真正掌控整个英国社会的是商人阶层和制造商，而且他们是“国家政策的主要设计师”。这批人想方设法确保自己的利益不受任何损害，而完全不顾自己借助政府之手所制定并推行的各种政策给广大英国老百姓或其他人造成的影响有多么严重。

时至今日，掌控我们这个社会并且主导各种政策的已经不再是当年的商人和制造商了，而是各大金融机构和跨国集团。在当今世界上，是这些人成为了当年亚当·斯密所定义的人类的主人。他们所信奉、仿效的正是当年亚当一针见血地总结并批判的卑鄙信条：只为自己，不管他人。遵循资本主义的律令，他们推动政府去制定各种对他们自己有利却令他人受害的政策。这正是整个资本主义制度的本性和本质。如果我们这些普通人，也就是广大民众，对这种情形一直无动于衷，听之任之的话，那么我们也就只配这种命运了。

那么，让我们再回到“美国梦”这一概念，来讨论一下美国政治
制度的起源。我其实是想说，美国从建国之初开始就似乎从未有意
识地推行过民主制度（事实上，通常用来描述美国政治制度和结构
的术语是“共和”，古代罗马人都比较理解共和和民主之间的差异）。 156
美国自建国至今日，自下而上的争取自由和民主的斗争似乎从来没
有停歇过。基于这样的背景，我们是否可以认为“美国梦”至少有部
分其实是建立在一种虚幻的神话基础上的呢？

当然是这样。在美国的整个发展过程中，自下而上的要求获得更多自由和民主的压力与自上而下的精英阶层对获得更多掌控和影响的努力之间总是不断地形成冲突。正如你指出的那样，这样的冲突甚至可以向上一直追溯到美国的诞生过程。这个国家的“建国之父”，包括关键的设计师詹姆斯·麦迪逊（他算得上是当年所有主要政治人物中对民主的信念最为强烈的一个了），也坚信美国的政治制度应该交由财富阶层来决定，他们对此给出的逻辑推断很简单：因为只有财富阶层才算得上是“更有责任心的一群人”。也因此，最后成文的美国宪法的结构设计就是将更多的权力交到了参议院，而当时参议员还不像现在这样，是通过选举才能担任的。这些掌握了很大权力的参议员基本上都是从财富阶层中遴选出来的，而且就像麦迪逊自己所承认的那样，这些人更容易理解那些拥有财富和私产的群体。

如果你再去读一下当年宪法大会上各方的激烈辩论，你就会对这一切了解得更透彻、更清晰。麦迪逊自己就曾经说过，对政治秩序的关键考量必须基于一条基本原则，那就是“是否能够确保那些掌握财富的少数人在对抗数量占优势的普通民众时不受损害”。为此，

他还给出了逻辑严密的推断。按照他的说法，如果我们每个人都拥有自由投票的权利的话，那么占多数的贫困人群就会聚集在一起，有序地组织在一起，最终抢走富人们所拥有的财产。他继续辩驳说，那很显然是非常不公平的，所以我们的宪法制度的核心目标应该就是阻止民主的发生。

我们还可以了解一下亚里士多德在《政治学》这一名著中曾经说过的相类似的话。在所有形式的政治制度中，他觉得民主制度确实是其中最优秀的一种，但同时他也意识到了麦迪逊在真正意义的民主制度身上所看到的同样一个问题，那就是贫苦大众很可能会借由民主制度而组织起来，抢走财富阶层所拥有的财产。对此，亚里士多德也提出了他的解决方案，这一方案更像是一种福利国家制度，其目的是尽可能降低经济不平等的程度，而我们的"建国之父"所追求的则是另一种解决方案，即降低民主化程度。

时至今日，所谓"美国梦"确实是建立在两部分基础上的，一部分是虚幻的神话，一部分是真实的现实。从19世纪早期开始直至最近，包括移民在内的劳动阶层一直怀抱这样的梦想，那就是，在美国社会，通过自己的辛勤劳作来提高生活水平。对于有些人来说这样的梦
157 想早就实现了，但是对于绝大部分非裔美国人和女性来说，这样的梦想很晚才实现。不幸的是，今天，这样的梦想变得难以实现了。收入处于长期停滞状态，生活水准不断下降，教育贷款久还不清，收入不错的工作日益难觅。所有这一切在很多美国人心中投射下了无助和绝望的阴影，令他们的怀旧情绪油然而生。唐纳德·特朗普这样的人能上台，很大程度上是因为民众受到了上述因素影响，而伯尼·桑德斯这样的人的政治主张之所以能引起年轻人共鸣也与此有关。

从"二战"结束之后到20世纪70年代中期，美国兴起了一场社

会运动，其宗旨是希望建立一个更平等、更自由的社会，不过这场运动也引发了所有精英阶层和政府部门的反弹和抵抗。此后，究竟是什么原因导致了战后美国经济增长中止，催生了被概括为新自由主义的社会经济新秩序？

从20世纪70年代开始，一方面由于那个年代初期爆发了经济危机，企业盈利能力不断下降，一方面因为权势阶层普遍觉得民主制度过于普及乃至失控，商业势力开始联合起来，大规模、有组织地对抗战后如火如荼的平权运动。与此同时，美国经济也越来越朝金融化方向倾斜。各大金融机构广泛扩张。到2007年，就在那场很多人认为应该由各大金融机构承担主要责任的经济危机爆发前夕，美国金融机构的利润总额在所有企业利润总额中所占的比例已经高得惊人了，达到40%。资本和政治权力的集中速度开始飞升，越来越多的财富集中到了金融领域，最终形成了一个邪恶的循环怪圈。而那些政客们，为了参与竞选不得不面临日趋高涨的竞选费用，他们被迫仰仗财富阶层的资助，越来越深地把手伸向后者的钱袋子。拿人手短的政客们自然懂得投桃报李，积极推行更有利于华尔街以及其他商业利益群体的政策。在这一历史时期，我们不得不直面一种新形式的阶级斗争——商业阶层与工人阶级和穷人之间的斗争——后者希望前者能够回吐过去几十年的获利。

如今特朗普成了下一任美国总统，伯尼·桑德斯发起的政治革命是否已经走到了终点？

桑德斯的政治革命是否就此终结，取决于我们，取决于大家。桑 158
德斯的“政治革命”运动就其本身而言已经可以算得上是一个令人赞叹的现象了。我本人对此既惊又喜。但是，我们仍需牢记，这里的“革命”一词有些误导性。桑德斯可以说是一个坦诚而又坚定的（罗斯福）新政主义者。很多人认为他过于“激进”了，这个事实反倒让我们意识到，在整个新自由主义年代，整个精英政治群体右转得多么厉害了。桑德斯所发起的群众运动还衍生出很多分支，比如全新国会革新运动（Brand New Congress movement）等，让我们看到了希望的曙光。

我总觉得，美国能够而且应该投入更多力量去打造一个真正独立的左翼政党，一个并不只是每4年露一下头来竞选的政党，而是深入基层，扎扎实实地推动政治变革的新型政党。这个政党除了通过选举（积极参与各个学校的董事会运作、主动介入市政会议、推动各州甚至更高层面的立法活动）来运作，还要不遗余力地采取一切能够采取的行动来实现自己的使命。变革的机会很多，其中的利害关系也很重大，尤其是当我们考虑到核武器和环境灾难——这两大挑战给地球上的所有事物都投下巨大而不祥的阴影。时不我待，我们必须立即采取必要的行动。

美国的医疗体系是一个国际丑闻

——废除平价医疗法案后果更糟[1]

C. J. 波利赫罗纽：特朗普和共和党下定决心要彻底废除奥巴马 159
政府推行的医保法案。请问，2010年通过的美国平价医疗法案相比过去长期推行的医保政策难道真的没有什么改进吗？共和党究竟想要推行什么样的替代方案？

诺姆·乔姆斯基：要回答你的这个问题，我可能需要先明确“奥巴马医改计划”这个说法。我从一开始就觉得这种说法有一点怪怪的，不是那么让人舒服。你听说过有谁会用“约翰逊医改计划”来称呼我们曾经推行的医保计划吗？也许我的感觉有点偏差，但不管怎样，在我看来，这样一种说法似乎多少隐含着共和党风格的鄙视，甚至可以说是潜藏着种族歧视态度。不过，我们暂且先将我个人的感觉放在一边。你说得没错，美国平价医疗法案（ACA）与过往我们所推行的医保计划相比绝对有所进步，这么说也比较实事求是。美国现有的医保制度，其人均医疗费用几乎是其他一些富裕国家（经合组织成员国）的两倍，这么高昂的费用所获得的结果相对这些国家而言不仅没有优势反而更为糟糕，这一现象长期以来就深受国际社会的诟病，几乎可以称得上是被所有人耻笑的丑闻。而ACA则对此进行了大幅度的改变，为那些曾经得不到医疗保险的几千万普通人提供了切实的医疗保障，禁止过去拒绝为残疾人士提供医疗保险的做法，另外还包括其他一些进步措施。看起来这一计划确实能够有效地阻止医保开支的不断膨胀，尽管其具体效果目前尚无法精确地判定。

160 美国众议院，如今已经被彻底掌控在共和党人手中（尽管如果按照其获得的大众选票来算只能算是少数派），在过去6年间连续五十多次通过投票试图彻底废除或者至少削弱奥巴马医改计划，而与此同时他们自己却从未提出过整体性替代方案。不过，这事实上完全不值得我们大惊小怪。自从奥巴马入主白宫以来，共和党人就基本上演变成了一个只会摇头说“不”的政党。更大的可能性是，他们会继续冷嘲热讽，像保罗·瑞安那样避重就轻，先废除再拖延。他们一面假装尊重曾经许下的所有承诺，一面又指望至少在当下要避免整个医疗体系崩盘和医疗费用膨胀的可怕后果。事态的发展趋势究竟会怎么样，恐怕没有人说得清楚。目前能够想到的是共和党也许会在不久的将来提出一套整体性计划，当然还有一种可能，那就是，共和党中代表极右翼立场的狂热的“自由党团”可能会继续坚持在不给出替代方案的前提下不停地投票废除奥巴马医改法案，完全无视这样做给国家整体预算，包括对美国人民，可能带来的负面影响。

对于我们的整体医保制度而言，其中最可能遭受沉重打击的部分是公共医疗补助制度。共和党很可能会借此推出不给各州提供联邦许可权的措施，从而为其掌控的那些州提供以此为由取消补助的机会。所谓公共医疗补助制度本质上只是让那些穷苦人获得必要的医疗帮助，而这些人很显然“是没有什么价值的”，他们不可能把票投给共和党人。既然如此，根据共和党人的逻辑，财富阶层为什么还缴税来维护这样一种制度呢？

---

① 最早发表在2017年1月12日的*Truthout*。

联合国《世界人权宣言》(*UDHR*)第二十五章明确界定医疗权是人权的一个重要组成部分。但是,据估计,即便ACA最终能够通过,大约3 000万美国人仍然不能被纳入医疗保险计划范围内。您认为究竟是哪些关键的文化、经济和政治要素导致美国在提供免费医疗方面成为全世界的一个异类呢?

首先,重要的是要记住,尽管你提到的联合国《世界人权宣言》在很大程度上是埃莉诺·罗斯福(Eleanor Roosevelt)最早提倡的,她曾经担任过该宣言起草委员会主席;虽然该委员会在国际社会上具有广泛的代表性,但是美国本身从未在官方层面认可并接受过其所通过的宣言。

*UDHR*是由三个部分组成的,三者之间并没有轻重之分:公民政治权利、社会经济权利和文化权利。美国官方只认同第一部分权利,但是在实际操作时连这一部分也经常不在其考虑范围,违背宣言准则的事件比比皆是。至于三个部分中的最后那部分,美国采取的是全然忽视的态度。特别值得关注的是,对于其中第二个组成部分,也就是社会经济权利,包括该宣言的第二十五章,美国官方一直持强烈谴责的态度。

在里根时代和老布什时代,美国对第二十五章的反对态度尤其
激烈。当时担任国务院副助理国务卿并且主管人权和人道主义领域
事务的葆拉·多布里扬斯基(Paula Dobriansky)就以轻蔑的态度宣 161
称,联合国《世界人权宣言》所提出的“经济和社会权利是人权的组
成部分”这种说法完全是个“神话”。她的说法其实是因循里根时代
美国驻联合国代表珍妮·柯克帕特里克(Jeane Kirkpatrick)的观点,
后者曾经以嘲讽的口吻说人权神话“不过是一个空洞的容器,需要
的时候可以往里面灌入一些模模糊糊的希望和不切实际的期望”。
柯克帕特里克这一说法还得到了苏联驻联合国大使安德烈·维辛斯

基（Andrei Vyshinsky）的呼应，后者认同这样的宣言不过是“堆砌了一些伪善的言辞”而已。根据老布什时代美国驻联合国大使同时也是联合国人权委员会代表、当时享有盛誉的人权律师莫里斯·艾布拉姆（Morris Abram）的观点，第二十五章所表达的各种观点不仅“荒谬可笑”甚至是“极具危险性的蛊惑言论”，并基于此在联合国对和《世界人权宣言》第二十五章相得益彰的联合国关于发展权利的宣言进行投票的时候投下了全场唯一的一张反对票。到了小布什时代，在联合国关于人们有权利获得食物，并在身体和心理健康方面有权利争取可获得的最高标准的决议进行投票时，也是美国一如既往地投下了唯一的否决票（该决议最终以52–1的投票结果获得通过）。

拒绝接受第二十五章，对于美国来说，既是原则问题也有实际意义。经合组织成员国的社会公平水平排名，美国在31个成员国中排名第二十七位，只高于希腊、智利、墨西哥和土耳其这几个国家。[①]这样的结果就发生在世界历史上最富裕、最强大的国家。这个国家在18世纪的时候就可能已经算得上是当时世界上最富裕的一个地区了。

考虑到美国履行《世界人权宣言》的实际状况与表面上的支持态度经常南辕北辙，里根–布什–维辛斯基在这一问题上结成同盟这一罪责倒是显得轻了一些。

美国对《世界人权宣言》的无视态度和行为还蔓延到了其他领域。拿劳工权利为例。美国从来就没有批准过国际劳工组织大会所确立的首要原则——“劳动者享有结社自由和组织权保护”。《美国国际法期刊》对此发表的社评则将国际劳工组织大会所通过的这一

① Daniel Schraad-Tischler, *Social Justice in the OECD — How Do the Member States Compare? Sustainable Governance Indicators 2011* (Gütersloh, Germany：Bertelsmann, 2011), news.sgi-network.org/uploads/tx_amsgistudies/SGI11_Social_Justice_OECD.pdf.

章程视为“美国政治绝对不可触及的条约”。该评论同时指出，美国对这一章程的拒绝力度是如此激烈，以至于就这一话题从未展开过任何辩论。如果我们将美国对国际劳工组织大会的决议的否定态度和华盛顿对于那个名不符实的“自由贸易协议”的积极态度相对比， 162
我们就可以看到，两者之间有着天壤之别。后者是保护主义政策，其目的就是为了确保各大企业能够基于极具欺骗性的理论基础来永远垄断定价权（所谓“专利权”）。其实，用“投资者权利协议”这样的说法来定义这个协议倒是更精确。

比较一下美国对劳工基本权利的态度与对商业机构超级权利的态度，我们就深入地理解了美国社会的本质。

而且，美国的劳工史也具有非常罕见的暴力特征。美国这么多年的罢工运动史留下的记录是成百上千的美国工人倒在了商业机构和政府安保队伍的屠刀下，这种情况在与美国发展程度相类似的国家是很少能够看得到的。在以美国劳工史为主题的研究中——值得注意的是针对这方面进行的严肃研究本身就比较少——据帕特里夏·塞克斯顿（Patricia Sexton）统计，从1877年到1968年间，估计有700个工人因为参与罢工而丧生，受伤的则以千计，而根据她的判断，这样的数字本身可能“在很大程度上低估了整体上的伤亡程度”。比较而言，从1911年以来，因为参与罢工而丧生的英国工人只有一个。

随着广大劳工阶层在寻求更多自由的抗争进程中取得越来越大的胜利，随着暴力手段越来越不容易采取，商业机构开始采用更柔性的手段，比如说“打击罢工运动的高科技手段”如今已经逐渐形成了一个领先行业。与此发展趋势相似的是，曾经通过暴力手段颠覆改革派政府的常规做法，如今也逐渐更换为所谓“柔性政变”手法，比如最近在巴西发生的政变。当然，一旦过去的手法仍然有可以推行的条件，美国也绝不会放弃这样的机会，就好比奥巴马对2009年洪都拉斯国内爆发的军事政变采取支持态度，尽管这样的支持在整个国际社会遭遇到普遍的冷遇。同与美国发展情况相近的那些国家相比，美国劳工阶层的力量是非常孱弱的，从里根时代开始经受来自政府持续不断的攻击之后，他们作为一支有组织的力量连生存权都要不断地去争取。

所有这一切有助于我们理解美国医保制度的部分背景，明白美国的医保状况为什么不同于OECD成员国，甚至不如那些尚无法确保人们正常权利的国家。事实上，美国在医疗制度和社会公正性方面为何会成为世界范围内的“离群者”，还存在着更深层次的原因。这一切需要追溯到美国历史有别于别国的内在特征。和其他发达国家所推行的资本主义工业化民主制度不同的是，美国的政治经济和社会结构是在一张白板基础上发展起来的。一开始将土著人彻底赶尽杀绝的做法为那些极富侵略性的定居者提供了良好的基础，这些定居者有取之不尽用之不竭的丰富资源以及富饶多产的广袤土地可供使用，还有优越的地理条件和强大的国家力量所提供的超乎想象的安全保障。所有这一切最终促成了一个由个体农场主组成的社会的蓬勃发展，而且还受益于来自非洲大陆的源源不断的奴隶资源，受益于对各种有助于推进工业化革命的要素的控制：棉花、基础制造
163 业、银行、商业贸易、直接为美国和英国间接为其他欧洲国家提供服务的零售业。与此相关，还有一个不容忽视的事实，那就是，这个国家在长达500年的历史上一直处于战争状态，间歇期很少，这样一个历史同时造就了“世界上一个有史以来最富裕，也是最强大的，军事化程度也最高的国家”。学者沃尔特·希克森（Walter Hixson）对此有过详尽的描述。[①]

① Walter L. Hixson, *American Settler Colonialism: A History* (Palgrave Macmillan, 2013), 2.

基于类似的原因，美国社会一直缺少传统意义上的社会分层和欧洲的自治政治架构，也不存在会导致发展不平衡、不稳定的各种社会支持措施。在经济方面，国家从一开始就进行了全方位的干预——最近一段时间以来干预程度极深——但是又总是缺乏整体的支持系统。

最终所造成的结果是，美国社会的商业导向远远超过了别的国家，整个社会都被掌控在商业阶层手中，商业社群具有很强的阶级意识，不遗余力地投入“以掌控人的思想为目的的永恒战斗”。正是同样一个商业社群一直在努力限制甚至彻底剥夺“广大民众应该拥有的政治权力”，因为在他们看来，民众的权力如果不加以限制会“给工业主义者造成严重的危害”（这是罗斯福新政时期部分商业媒体的描述，当时民众的权力对商业阶层的绝对控制权似乎形成了真实的威胁）。

关于美国的医保计划，这里还有另一个非常特殊的情况：根据经合组织提供的数据，美国在医疗健康上面的花费远比绝大多数发达国家要高，但是美国人的健康状况却相对糟糕，慢性病患者占总人口的比例也比其他发达国家高得多。这又是为什么呢？

美国的医疗健康费用据估算差不多是经合组织成员国平均水平的两倍，但是最终的结果却比那些国家要差很多。举例说，根据中央情报局的统计数据，美国的婴儿死亡率比古巴、希腊和整个欧盟国家都要高得多。

至于你问我这种异常现象背后的原因，我们可以先回到社会公平性这个一般性问题上，再了解医疗健康这个领域存在的特殊原因。一个惊人的现实是，美国的医疗健康制度几乎是完全私有化的，而且并不受任何管制。保险公司的核心使命是赚取更高的利润，他们最

关注的很显然不可能是病人的权益或者是整个运转流程是否足够高效。组成整体医疗健康系统的私有化部分和政府推行的全民医保计
164 划相比，前者的行政管理费用反而更高，而后者本身也因为不得不依靠这些私有化系统进行运作而付出巨大的代价。

和其他国家的对照揭示，在美国的私有化制度下，无论是官僚化程度还是行政管理费用都比其他国家高得多。10年前医疗行业分析师史特菲·乌尔翰德勒（Steffie Woolhandler）和他的助手曾经对美国和加拿大的医疗健康系统做过深入详尽的研究，发现两者之间存在着很大的差异，并由此总结道："如果按照加拿大的标准来削减美国的行政管理费用就可以每年至少为美国节省下来2 090亿美元，这些钱足够为全民医保提供基本保障了。"美国的医疗健康制度还有另一个非常独特的特征，那就是，在现行的法律框架下，政府不能参与药品的定价谈判，这就造成美国的药品价格明显要比其他国家高很多。这一特性所带来的后果，再加上根据"贸易协议"给医药行业提供的专利权，让美国的医药行业能够享受到垄断性利润收益。在一个完全由利润驱动的系统之下，所有这一切必然会刺激这个行业更愿意积极推销昂贵的治疗性方案而不是相对低廉的预防性方案。两相比较，积极倡导预防性医疗理念和实践的古巴，其医疗健康领域的效率和效果都很显著。

那么，美国人为什么没有主动行动起来，要求政府——而不仅仅是在民意调查中简单地表达一下倾向——让他们享受全民医保制度的好处呢？

长期以来，美国人确实一直在表达自己对全民医保制度的偏好。在这里我们可以举一个非常有代表性的例子，就在里根政府后期，大约有70%的美国人认为医疗保险应该由宪法来提供保障，40%的美

国人甚至认为美国宪法早就明文认定了这一很显然是非常合法合理的权利。尽管所有的民意调查结果都可能因为措辞和细节性问题而造成偏差，但是通常而言，就这么多年的民调结果来看，大家的意见还是非常一致的，对于全民医保政策都表示强烈的认同，在很多情况下绝大多数都投赞成票。这种全民医保政策很多时候被人称为“加拿大式医保”，这并不是因为加拿大的政策一定是所有国家的医保政策中的最佳方案，而是因为加拿大是我们的邻国，可以让我们比较容易地近距离地观察到这一制度的真正效果。平价医疗法案的初期方案也曾经大力呼吁采纳“公共的方案”。几乎有2/3的美国人对这一方案抱有非常积极的支持态度，但是政府却轻易地放弃了这一建议，据说部分原因是因为和金融机构之间达成的交易。而禁止政府参与医药定价谈判的那个法案则遭到了85%的美国人的竭力反对，但是这些反对意见显然也被搁置在一边，这一次据说是为了避免引发医药行业巨头们的抗议。在美国，对于那些能够进一步覆盖到全体民众的医保资源，似乎从未有人认真表达过支持态度或者是积极加以倡导，而且公众舆论圈对此似乎也从未有过公开的讨论。考虑到这样一个事实，公众对全民医保政策的偏好显然是非常耐人寻味的。

公众对全民医保政策所持支持态度这一事实确实也曾经引发过 165
零星评论，评论的方式饶有趣味。根据《纽约时报》的报道，2004年，民主党人约翰·克里在竞选总统时，“很不情愿地……说他提出的让更多美国人享受到医保的计划并不会真正形成新的政府计划”，因为“在美国，想要让政府干预医保市场，这件事本身就不可能获得太多的政治支持”。而就是在他发表这些意见的时候，《华尔街日报》、《彭博商业周刊》和《华盛顿邮报》等媒体进行的民调统计结果都表明，绝大多数公民都希望政府能够确保我们每个人享受“最好、最先进的医疗护理服务，只要技术能够提供得了”。

但很可惜，公众的支持只是公众的支持而已。媒体所指出的这一方案并不能获得太多“政治支持”，而且公众真正想要获得的一切“在政治上是不可能的”，这确实是事实的真相。当然，“政治上不可能”事实上是一种相对婉转的说法，本质上是金融和医药行业无法容忍这一切，而在美国的民主制度下，这些行业才是真正说了算的。

回到你刚才提出的那个问题。你的问题确实可以提醒我们关心美国民主制度当中另一个更重要的问题：民众为什么不去积极“要求”自身更向往的一切呢？为何会允许那些日益集中的私有资本基于其自身赢取更高利润、掌握更多权力的目的来践踏人们赖以生存的基本条件呢？这样的“要求”不算是乌托邦式的要求。这样的要求在世界很多地方都得到了满足，甚至在美国制度下的其他一些领域也得到了满足。更进一步，这样的要求即便在美国立法领域没有出现重大突破的前提下也早就具备了推行的一切条件了。比如说，我们完全可以逐步地降低能够享受医保的人的年龄限制。

上述问题很自然地会将我们的注意力转移到社会缺陷上——一个原子化的社会存在着巨大的民主赤字，缺乏有效的民众组织来帮助民众以有意义的方式来积极参与社会各个方面的运作，使得民众很难影响政治、社会和经济发展的走向。至关重要的一点是，社会急需形成一个更强大、更便于参与的劳工运动以及名副其实的政党，这样的政党是基于公众的真实愿望和积极参与发展起来的，而不是一个由精英群体掌控候选人产生过程的政党。而现在我们所看到的是一个去政治化的社会，大多数的选民（即便是最能聚合全国人民注意力的四年一次的总统大选，其参选率也不到一半，更不用说其他的选举活动了）事实上是被彻底剥夺了基本权利，那些本应该代表他们切身利益的代表们完全无视他们的真正需求，决策权基本上落在了极少数高度集中的财富阶层和商业权贵手中。这一切已经被无数研究所证实。

当下这一占主导地位的现象也让我们不由得回想起20世纪美 166
国著名的社会哲学家约翰·杜威（John Dewey）曾经说过的话，他的主要研究工作就是聚焦于民主制度及其得失的。杜威对那种“完全为私人利益服务的商业，通过对银行、土地、产业的暗中掌控，同时又辅以对媒体及其代理人、其他舆论和宣传手段”获得的操纵行为嗤之以鼻。他深刻地意识到“当今世界的权力完全体现在对生产、交易、公共舆论、运输和传播等各种手段的把控。无论是谁，一旦拥有了这一切，也就掌控了整个国家的命脉”，这个时候即便是我们的社会依然存在所谓的民主形式，也形同虚设。他继续分析道，在上述这些机构尚未真正为普通民众所掌握之前，政治领域不过是“大企业投在整个社会上的阴影”而已。

这种声音可不是出自于一个被边缘化了的极左翼分子的口中，而恰恰是源自于占主流地位的自由思想的代表。

让我们最后再一次回到你提出的那个问题。我觉得，如果一定要给出一个相对概括性的答案，那么我们可以看看大卫·休谟在250年前发表的《论政府的首要原则》（*Of the First Principles of Government*）一文中所作的经典分析，这些分析以其独有的方式体现了我们对当代西方民主制度的理解。当年的休谟发现：

> 在意识到多数人是被少数人所统治时，很多人对此不以为然；当人们将自己的感知和激情交给他们的统治者时，我们看到的是发自内心的绝对顺从。没有什么比这种现象更让我们感到不可思议了。当我们开始深究这样一种怪现象究竟意味着什么的时候，我们不难发现，因为权力总是在被统治者一边，所以统治者除了舆论力量找不到什么支持。政府显然是基于舆论而

建立的；这一公理不仅适用于最自由、最有民意基础的政府，也适用于最专制、最军事化的政府。

绝对顺从并不是因为受到了自然法则或者政治理论的强制性要求。这种态度是一种选择，至少对于我们所生活着的这个社会来说是这样的，这样的社会是我们的先人们通过艰苦奋斗传承下来的。在这样的社会中，只要民众能够组织起来，行动起来，权力一定会掌握“在被统治者一边”。这一规律不仅存在于我们的医保制度，同时存在于其他很多方面。

教育市场化的危害[1]

C. J. 波利赫罗纽：至少是从启蒙运动开始，接受教育就已经被人们视为是人类揭开无知的面纱、创造一个更美好的世界的几个重要机会之一。那么，在民主制度和教育之间存在哪些实际关联？这些关联，真的像尼尔·波兹曼（Neil Postman）在《教育的终结》（*The End of Education*）一书中所指出的那样，主要是建立在一种虚幻的迷思基础上吗？ 167

诺姆·乔姆斯基：对于这个问题，我们似乎很难找到简洁明了的答案。教育的实际状况包含正反两方面的因素。对于一个运转良好的民主制度来说，拥有一批受过良好教育的公民当然是先决条件之一，这里所说的"受过良好教育"并不仅仅意味着见多识广，而且也意味着受教育者能够自由而富有成效地探索世间万事万物，后者才是教育的主要目的。在实际运作过程中，这样的目标有时进步、有时受阻，沿着正确方向平衡发展是一项非常重大的任务——这样的任务对于美国来说显得尤其重要，其中部分原因在于这个国家所拥有的强大力量，部分原因则在于美国的教育方式与其他发达社会相比存在着巨大差异。

重要的一点是，我们不要忘记，尽管美国在很长时间内都一直是世界上最富裕的国家，但是直到第二次世界大战，美国在文化领域一直处于停滞闭塞的状态。如果有人想要深入研究先进的科学知识或者钻研数学，或者想要成为一个作家和艺术家，那么他们很自然地会去欧洲。第二次世界大战改变了美国在文化和教育上落后的情形，但是也不过是对于部分民众而言。就拿如何处理气候变化这一人类
168 历史上几乎最重要的问题来说，很大的阻碍来自于美国自身——这个国家有40%的民众并不觉得有什么值得担心的，因为他们深信基督在接下来的几十年一定会再次降临人间——这更像是那些尚未进入现代化的社会和文化的典型特征。

教育市场化是当今世界占主导地位的发展趋势，这样的做法更强调竞争、私有化和最大化利润，因而实际上是在逐步摧毁公众的价值观，彻底削弱我们的民主制度的文化根基。有基于此，在您看来，究竟什么样的教育模式才能让我们觉得一个更美好、更和平的世界确实是可能看得到的呢？

在现代教育制度刚刚兴起的早期，存在两种教育模式，二者有时相互冲突。一种模式，教育被视为往一个容器里灌水——并且经常是会漏水的容器，正如我们大家所知道的那样。另一种模式，我们还可以将教育看成是一根线，由老师将它伸展开来，然后学生们可以按照自己的方式发展自己的“思考和创造”的能力——现代大学制度的创始人威廉·冯·洪堡（Wilhelm von Humboldt）最推崇后一种模式。

包括约翰·杜威、保罗·弗莱雷（Paulo Freire）在内的教育哲学家以及其他更具进步意味、更具批判精神的教育专家，在我看来，则进一步发展了洪堡的教育理念——该理念通常会在执行中体现为研究

① 和莉莉·塞奇共同撰写，最早发表在2016年10月22日的*Truthout*。

型大学课程设计的考虑因素，其原因在于，对于更高层次的教学和研究来说，尤其是在科学领域，这样的实践模式是大有裨益的。很多人可能都听说过，有个很有名的麻省理工学院物理学家曾经在给新生开课时说，真正重要的并不是我们会在课堂上讲什么，而是你自己发现什么。

同样的理念甚至曾经被渗透到幼儿园层面，这是很有想象力的做法。事实上，这一理念确实可以推广到教育系统的任何一个领域，而不仅仅只是局限于科学领域。我个人就有幸进入了一个以杜威理念为教学指导思想的实验性学校，在那里一直待到12岁，那段经历至今回想起来还是觉得收获很大。该学校和我后来参加的学术化高中完全不同，后者更像是往容器里灌水的模式，和现在很流行的为考试而教学的教育实践非常相似。如果真的希望真正受过教育（从全面的维度来定义教育）的公民群体能够直面我们人类目前亟需解决的各种关键问题的话，那么我们必须彻底放弃往容器里灌水那种教育模式。

很不幸的是，你刚才提到的教育市场化倾向并不是虚构出来的，
而是活生生的事实，这样的倾向具有很大的危害性。在我看来，教育 169
市场化也是泛滥成灾的新自由主义思潮带给社会的恶果。商业的理念和模式一直追求所谓的“效率”，其核心意思就是要强制推行所谓的“劳动力的灵活性”，以及艾伦·格林斯潘在大肆炫耀由他掌管着的经济所取得的伟大进步的时候（在这样的经济最终崩盘之前）所宣扬的“日益增长的工人不安全感”。所有这一切最终转化为在教育领域大力推行一些有害的教学措施，导致过去那种教工的长期就业关系遭到破坏，转而依靠那些廉价的不得不接受教育机构盘剥的临时工（包括助教和研究生）来提供教学服务。这样做彻底损害了所有的教职工、学生，也损害了研究和思考质量，一句话，损害了高等

教育致力于实现的所有目标。

很多时候试图将高等教育系统推向为商业服务的努力简直就是一个笑话。举例说，在威斯康星州，州长斯科特·沃克（Scott Walker）和其他代表倒退力量的政客一直在试图压制曾经颇负盛名的威斯康星大学的发展，致力于将其改造成为一个最终服务于威斯康星州商业社区的机构，同时还不断削减预算，迫使该大学不得不大量依靠临时工（这就是所谓的“流动性”）来工作。在某一节点上，该州政府甚至要求彻底替换掉这个大学极具传统精神的使命描述，删去了致力于“追求真理”一说——对于一个以制造一批只对威斯康星州商业领域有用的人才的机构来说，这一使命确实可以说是在浪费时间。该州政府的这种做法一下子激起了众怒，最终被捅到了媒体上，迫使他们自己不得不狡辩说，这是一个文员犯下的打字错误，后来灰溜溜地撤销了这一提议。

但是，这件事确实很清晰地向我们大家展示出了当下正在发生的一切。这样的事情不仅发生在美国，同样也发生在世界其他地区。在评价英国教育领域的发展趋势的时候，斯蒂芬·柯利妮（Stefan Collini）总结说，基于所发生的一切，我们完全有理由认为英国保守党政府正在试图将本国的一流大学逐步转化为三流的商业机构。比如说，连牛津大学的古典学系也不得不向公众证明它的市场价值。如果市场需求根本不存在，那么人们为什么要花时间来学习和研究希腊的古典文学呢？强行要求整个社会遵循商业阶层所界定的国家资本主义原则，这种做法所造成的后果是很严重的，它让我们看到了超越常人想象的极端粗鄙化的倾向。

那么，在美国推广一种完全免费的高等教育制度，并且随着这个思路扩展，将经费从庞大的军工系统和监狱系统转移到教育领域，

这样的目标怎样才能真正达成呢？因为美国在历史上给人以扩张主
义、干预主义和种族主义的形象，我们需不需要一场民族认同危机来 170
改变人们的认知？

我觉得问题还没有严重到那个程度。美国在早先年间已经给人留下了扩张主义、干预主义和种族主义的印象，但是同时也不可否认的是，美国在发展民众教育方面一直是处在世界前沿的。虽然其背后的动机有时候听上去让人觉得挺唯利是图的——将拥有自主权的农场主教化成为大规模生产行业的螺丝钉，这恰恰是让农场主们最愤恨不已的一点——但是，无论如何，美国在发展教育方面还是取得了很多正面成果的。最近这些年，美国的高等教育几乎算是免费的。“二战”结束之后，政府推出的退伍军人法案为几百万原先很可能压根没有机会上大学的普通人提供了学费和生活补贴。这样的做法对这些普通人来说绝对是非常有利的，也最终推动了战后美国经济的蓬勃发展，使之进入了一个高速增长的黄金时代。按照当今的学费标准来看，那个时代，即便是私立学校的学费相对来说也没有那么高——要知道，那个时代的美国和现在相比可是要穷得多。世界上也有其他国家推行免费的或几近免费的高等教育，比如说德国（根据民调结果，德国是全球最受人尊敬的国家）和芬兰（在国家成就榜上，该国一直以来就排名靠前），甚至包括一些经济相对不那么发达的国家，比如说墨西哥，该国的高等教育系统的教学质量一直处于世界前列。这样看来，推行免费的高等教育似乎并不会带来任何经济方面的困难或者文化方面的问题。这一道理也适用于我们的公共医疗体系，美国完全可以推行与类似国家同样合理的医保制度。

在工业化年代，遍布整个资本主义世界的工人阶级成员通过一系列非正式教育渠道致力于掌握政治、历史和政治经济学知识，这成为他们通过阶级斗争来理解并改变这个世界的努力的一个组成部分。今天，与以往相比，整个世界显然发生了很大的变化，越来越多的工人阶级成员热衷于空洞乏味的消费主义思潮，对政治抱持一种无所谓的漠然态度，更糟糕的是，他们甚至支持那些坚定地支持企业和金融资本主义的政党及其候选人，后者秉持的是反工人阶级的主张。工人阶级的观念发生了如此剧烈的变化，您觉得我们该如何解释这样的现象呢？

这种变化确实发生了，让人深感不幸。这些努力通常是工会和其他工人阶级组织作出的，其中也有左翼知识分子的积极参与——这些群体可以说受过巨大伤害，伤害他们的罪魁祸首是冷战所推行
171 的压制和宣传措施，以及商业阶级发动的与劳工和民众组织之间的激烈的阶级冲突，这种冲突到了新自由主义时代变本加厉。

回顾一下工业革命早期所发生的一切还是颇有意义的。当时的工人阶级文化充满了蓬勃的生命力，呈现出迅猛的发展势头。乔纳森·罗斯（Jonathan Rose）曾经就此写过一本非常值得一读的专著《英国工人阶级的文化生活》（*The Intellectual Life of the British Working Class*）。这本书对当时的工人阶级所养成的阅读习惯进行了很有历史意义的深入研究。他在书中将“广大无产阶级的自学者们对获取知识的渴望和激情”与“弥漫在英国贵族阶层中的市侩氛围”进行了鲜明对照。在美国那些新兴工人阶级聚居的城镇，比如在东海岸的马萨诸塞州，当时发生的一切也和英国遥相呼应。在美国东海岸，一个爱尔兰裔锁匠有可能会雇一个年轻男孩在他工作的时候给他朗读经典名著。当时的工厂女工则大多喜欢阅读那个时代的流行文学，那些文学作品到今天都变成了我们所称的经典文学。工人阶级团结起来，奋力声讨整个产业制度对他们的自由和文化权利的剥夺。这样的氛围一直持续了很长一段时间。

我可是活得够久的了，所以至今还记得20世纪30年代的社会氛围。我的家族成员中有很大一批人都是失了业的劳动阶层。他们中很多人基本上没有上过学，但是他们也积极参与到当时的高雅文化活动中。他们会聚集在一起，讨论最近公演的戏剧、布达佩斯弦乐四重奏乐团演奏的乐曲、心理分析领域刚刚兴起的各种理论，以及他们设想的各种政治运动。当时工人教育机制颇有活力，有很多在各自领域享有盛名的科学家和数学家都直接参与了各种教育活动。而现在，你再也没有机会亲自感受这样的氛围了……但是，这一切还是可以恢复的，不会一去不复返。

第三部分

无政府主义、共产主义和革命[1]

C. J. 波利赫罗纽：诺姆，从19世纪晚期到20世纪中期甚至是 175
晚期，无政府主义和共产主义不仅在整个西方世界兴起，而且指引了拉丁美洲以及亚洲和非洲部分地区蓬勃发展的革命运动。但是，到了20世纪80年代早期以及晚期，这样的政治和意识形态版图似乎已经发生了剧烈的迁移，最终发展到了一个关键节点，那就是，尽管反对资本主义的努力始终未曾消散，但是在很大程度上已经逐渐退缩到当地了，摒弃了原来推动建立社会经济新秩序这样的愿景和策略。那么，在您看来，无政府主义和共产主义为何能够在当年形成那么蓬勃发展的势头？它们后来为什么又从主流的意识形态逐渐蜕化为越来越边缘化的信仰系统，其背后最关键的因素有哪些？

诺姆·乔姆斯基：如果深入仔细地观察一下，我们就会发现历史上发生的如火如荼的激进民主运动通常都是由无政府主义和共产主义观念引起的，秉持这种观念的人会积极参与。这些运动的发生通常是在社会开始发生剧烈突变，局势动荡、人心惟危的时候，借用葛兰西的说法，那是旧的一切摇摇欲坠，新的一切尚未正式现身，但人们似乎已经能够隐约看到曙光的时候。因此，在19世纪晚期的美国，在工业资本主义浪潮的驱动下，那些不受任何外部条件约束的独立农场主们和城市手工业者逐渐演变成工业无产阶级这样一个全新的社会阶层，该阶层其实不愿意接受这一命运，于是竭力抵抗，最终催发了一个强有力的含有武力对抗因素的革命运动的兴起，参与运动的人坚信这样一个理念：“在磨坊中辛勤工作的人应该成为磨坊的所有者。”与该运动同时还兴起了一场以大量激进的农场主为主要参与力量的运动，其目标是要将农场主们从银行和商人的锁链下彻底给解放出来。从整个世界格局来看，那个时代同时也可以被
176 视为一个快速去殖民化的时代，这一时代特征同样也促进了各种形式的激进运动如雨后春笋般不断兴起。当然我们还可以列举出许多其他类似的例子，包括20世纪60年代所发生的一切。如果站在世界上绝大多数普罗大众的视角来看，从20世纪80年代开始逐渐萌生的新自由主义时代则完全可以被视为是一种历史的倒退，由此普通人的利益逐渐变得更加边缘化，但是卡尔·马克思的思想更像是一颗存在已久的黑痣一样，从未曾远离过皮肤表层，总是会在出乎意料的地方冒出头来。所有权归全体工人的企业和合作社的形式在美国逐渐蔓延扩展，尽管单从字面意思来看它们并不符合无政府主义和共产主义的定义，但确实携带着具有广泛而又深远影响的激进运动和变革的种子，而且重要的是，这并不是个例而已，类似的情况比比皆是。

无政府主义和共产主义可以说是存在着一定的共通性，但自从马克思和俄罗斯无政府主义者米哈伊尔·巴枯宁的那个时代开始，这两股社会思潮就已经变成了死敌。那么，二者之间的差异纯粹关乎资本主义向社会主义的转变策略吗？还是说其差异折射出的是对人

① 最早发表在2016年7月17日的*Truthout*。

性与经济、社会关系问题的不同理解？

我个人的感觉是，二者之间的差别很微妙。比如说，立场偏左的反布尔什维克马克思主义理论通常更接近于无政府工团主义。包括卡尔·柯尔施（Karl Korsch）在内的左翼马克思主义者对于发生在西班牙的无政府主义革命运动就充满了同情。丹尼尔·格林（Daniel Guerin）所撰写的《无政府主义》（*Anarchism*）一书所讨论的理论本质上更接近于左翼马克思主义。列宁在1917年前后所撰写的很多著作，尤其是《国家和革命》（*State and Revolution*），显然也体现出了他当时偏左的立场，而且染上了一丝无政府主义色彩。当然，无论是关于战术问题还是关于更根本性的问题，确实存在着冲突。恩格斯对无政府主义的口诛笔伐就深切地揭示出了当时左翼理论界的意见分歧现象。对于后资本主义社会，马克思本人并未言及，但是他对人类长期目标的核心思考与无政府主义理论和实践的基本面还是吻合的。

受到巴枯宁影响的某些无政府主义传统，积极倡导的一个观点是，为了促进社会变革，暴力可以被视为一个正当的革命手段；而受到另一个俄罗斯无政府主义者彼得·克鲁泡特金影响的其他人则似乎认为，在争取和保持一个公正的社会秩序的过程中，暴力手段不仅在政治上毫无效果而且在道德层面也无力自辩。在社会已经发展到足够为革命提供成熟条件的时候，在究竟该不该借用暴力手段推进这一革命进程这一点上，共产主义的传统理论也同样呈现出分裂的倾向。那么，您认为社会革命可以在不借用暴力的基础上得以推动和实现吗？

对这个问题，我真的觉得很难给出一个概括性的答案。所有想要突破阶级权力和特权的斗争必定会遭遇到对方的剧烈抵抗，很多

时候必然会激发后者使用武力来加以镇压。事态也许确实可能发展
到某些关键节点，到那个时候，后者为了维护自己的权力而采取暴力
177 行动，前者出于防卫目的也可以使用暴力。暴力当然应该是万不得
已时使用的最后一个手段。

在您自己的著作中，您总是坚持认为苏联从来就不能被视为一个社会主义国家。那么，您会接受苏联是“一个畸形工人国家”这样一个观点吗？还是说您更愿意相信它只是国家资本主义的另一种形式而已？

政治话语中所使用到的各种术语通常都不是精确的模型。等到苏维埃及其所谓工厂理事会彻底解散的时候——很早就发生了——我们几乎看不到符合“工人国家”定义的任何迹象。（工厂理事会是政治和经济组织的形式之一，意味着工作的地方是由工人来集体掌控的。）这样一种制度还表现出雇佣劳动和其他资本主义的特征，因此我认为，从某些方面看，我们可以将苏联称为专制式国家资本主义。

在一些特定的共产主义者小圈子里，有人认为列宁主义和斯大林主义是泾渭分明的两种理论，而更正统的共产主义者则一直辩驳说苏联是在尼基塔·赫鲁晓夫（Nikita Khrushchev）上台之后才背弃了社会主义的。对于这两种相互排斥的观点，尤其是他们提出的要将列宁主义和斯大林主义区别对待，您有什么看法？

如果我们把社会主义理解为工人至少对生产拥有控制权的一种制度，那么我认为苏联背弃社会主义的时间应该要提前。斯大林主义的根源早在布尔什维克开始掌控俄罗斯的初期就渐渐萌芽了，一部分是因为当时俄罗斯面临内战和外国势力入侵，一部分是受列宁

主义意识形态的影响。

在掌握了国家权力之后，布尔什维克面临很多挑战和威胁（来自国内外），于是将国家权力集中了起来，打造了一支军队，利用一切可以利用的手段来保护十月革命的胜利成果。在您看来，如果不做这一切，布尔什维克还有什么其他选择吗？

我觉得，你的这个问题应该换一个问法：为了维护自己已经到手的权力，布尔什维克是否还有其他选择。布尔什维克在选择上述那些手段的同时也摧毁了群众运动所取得的一切成就。是否还有其他路可走？我觉得有，但是这样一个问题也将我们引入了一个非 178
常艰难也容易引起争议的领域。比如，马克思在晚年时期曾经分析过俄罗斯农民的革命潜能，并给出了自己的看法，对此布尔什维克则完全置之不理。如果后者能够积极响应马克思的建议，能够在农民自我组织、积极参与各种活动方面尽可能提供帮助而不是将他们彻底边缘化（甚至比这还糟糕）的话，结果有可能与现在我们看到的不一样。那样的话，农民就可以成为源源不断的动力和能量，而不会像实际上发生的那样，苏维埃和工厂理事会被破坏殆尽。这会引发很多关于可能性的问题，有的基于事实，有的基于思辨。举例来说，这些可能性包括打造一支纪律严明、能打胜仗的红军队伍，选择游击战而不是常规军事战术，开展政治斗争而不是发动军事对抗，等等。

有人认为，在斯大林掌权时期，苏联发生的劳改集中营和其他恶劣的犯罪行为，如果换了是列宁或者托洛茨基掌权，就不可能会发生，您认同这种看法吗？

对于列宁或者托洛茨基是否会犯下如此令人发指的恶劣罪行，

我个人确实是极为怀疑的。

那么您如何看待毛泽东领导的中国革命？中国在哪些革命节点上可以被视为社会主义国家呢？

“毛泽东领导的中国革命”性质比较复杂，很难一言以蔽之。莫里斯·迈斯纳（Maurice Meisner）曾经在他的著作中对早期的中国马克思主义思潮进行过生动的描述和详尽的分析。威廉·辛顿（William Hinton）曾经写过一本发人深省的专著，生动地捕捉到了当时中国发生了深刻的革命性变化之后的景象——变化不仅体现在社会实践方面也体现在中国农民的思想意识和精神状态方面。正如经济学家阿玛蒂亚·森（Amartya Sen）和让·德雷兹（Jean Dreze）所展示的那样，尽管有过一段令人不堪回首的历史，从独立建国直到1979年邓小平开始推动改革开放，中国政府在乡村地区推行的医疗卫生计划确实拯救了上亿人的生命，而印度在同一历史阶段的作为则显得相形见绌了。至于这些成就中究竟有多少需要归因于社会主义，则取决于你如何解释社会主义这个名词。

那么你如何评价卡斯特罗统治下的古巴？

1959年1月，在卡斯特罗的领导下，古巴终于赢得了独立。要想
179 公正地评价从那时起到现在古巴的发展历程，我们就不应该忽视这样一个事实，那就是，几乎就是在古巴赢得独立的那一刻起，古巴就不得不面临来自美国这个超级大国的围困堵截。到1959年晚些时候，以佛罗里达为基地的美国飞机就开始不断地对古巴实施空中打击。同年3月，美国作出了一个致力于推翻古巴新政府的秘密决定和计划。随后上台的肯尼迪政府就发动了猪湾事件。这次入侵最终以失败告终，使得华盛顿陷入了彻底的歇斯底里当中，肯尼迪则悍然

发动了一场要让古巴人尝尝“地球上最可怕的恐怖滋味”的战争。我在这里引用的是肯尼迪的密友小阿瑟·施莱辛格在他撰写的罗伯特·肯尼迪的半官方性传记中的原话，后者接受总统指令负责针对古巴发动恐怖行动，将之作为第一优先任务。这一次的事件绝对不能被视为一个小事件，它甚至可以算作是引发后来的导弹危机的重要影响因素之一。即便是小施莱辛格都承认，古巴导弹危机是人类历史上最为危险的时刻，他在书中的这一描述是非常到位的。在危机最终得以解除之后，这一地区的恐怖主义战争又恢复了。与此同时，美国对古巴实施了强硬的禁运措施，重挫了刚刚建国不久的古巴经济。直至今日，这一禁运措施仍然还在生效，几乎遭到整个世界的反对。

在俄罗斯对古巴的援助告一段落之后，克林顿政府则进一步加强了禁运的力度。几年之后，美国通过了《赫尔姆斯–伯顿法案》，致使禁运力度有增无减。最终造成的后果很显然是非常糟糕的，其中一个最严重的后果是对古巴整个医疗系统的打击，使其医疗用品严重短缺。萨利姆·拉姆拉尼（Salim Lamrani）对此问题进行了深入研究。尽管面临如此巨大的持续打击，古巴通过自身努力还是发展出了一套令人惊叹不已的医疗保健系统，在国际医疗援助方面留下的记录也是可圈可点、无人能及的，在解放黑色非洲、终结南非种族隔离制度方面发挥了关键性作用。不可否认的是，在古巴确实也存在着“人权”问题，但是和那些与古巴处在同一区域但是由美国所掌控的国家相比，或者和南美洲那些由美国来提供安全保障的国家相比，古巴在“人权”方面是小巫见大巫。当然，我们恐怕都不会忘记，最近一些年来，最糟糕的违背人权的罪行就发生在关塔那摩，这一地区是美国在20世纪早期持枪从古巴手中强行抢夺过来的，至今仍然拒绝归还。总而言之，古巴所发生的一切可以说是一个喜忧参半的故事，考虑到其所面临的复杂情境，想要加以全面的分析恐非易事。

实际存在的社会主义解体了，从总体上说这是不是一种正面的结果？如果是，为什么？在什么情况下这样的发展趋势对于社会主义愿景来说是有好处的？

苏联解体的时候，我就曾经写过一篇文章，将这一重要的历史事件定义为社会主义所取得的一次小小的胜利。我之所以会这么认
180 为，不仅是因为这个世界上“最反社会主义”的国家——在这里劳动人民所获得的权利比西方国家要少得多——终于解体了，同时也是因为它的解体终于可以让我们大家不再受“社会主义”这一术语的束缚，它曾经给我们带来很大的束缚，在东西方的宣传系统内它总是与苏联的统治关联在一起——对于东方世界来说，使用这一术语是为了让自己受益于真正的社会主义的光环；对于西方世界来说，使用这一术语则是为了将这一概念彻底妖魔化。

社会主义的最初含义就是将劳动人民从被压迫被剥削的状态下解放出来。正如马克思主义理论家安东·潘涅库克（Anton Pannekoek）观察到的那样，“这一目标尚未达成，而且靠一个取代资产阶级的新的统治阶级显然也是不可能达成的”，反之，“只有当工人群众自身真正成为生产的主人之后，这样的目标才能真正得以实现”。让生产者最终成为生产的主人，这正是社会主义的核心理念。实现这一目标的手段通常应该在革命斗争的各个阶段加以设计，而革命斗争的对象是激烈抵抗的传统统治阶级以及那些“革命知识分子”，这些知识分子遵循的是与时俱进的列宁主义和西方管理主义的共同原则。无论如何，社会主义理想是始终如一的：让生产手段转变成为自由关联、自由组织的生产者的财产，转变成为通过革命让自己从被主人压迫、被主人剥削的状态下解放出来的民众的社会资产，

这种转变是人类获得更大自由的关键一步。

列宁主义知识分子则显然有着与此完全不同的目标。对于列宁主义者来说，所有的民众都应该受到严格的管理，遵循一定的准则，而社会主义者致力于实现的目标则是一种与前者不同的社会秩序，在这样的秩序中，随着那些自由关联、自由组织的生产者“能够主动工作”（马克思原话），所谓的社会准则也就“反而会变成多余的了”。自由社会主义则更进了一步，它不会将自己设定的目标局限于生产者对生产的民主掌控，而是寻求摧毁存在于社会和个人生活各 181
个方面的各种形式的等级和操控现象——这是一场无止境的斗争，因为一个更公正的社会必然会带来进步，这种进步包括认知力和理解力的提升，从而洞察到隐藏在传统观念和实践中的各种形式的压迫和不公现象。

列宁主义与社会主义的核心特征是相对立的，这一点从一开始就很清楚。在革命时期的俄罗斯，苏维埃和工厂理事会作为一种斗争和解放的工具获得了长足的发展，虽然存在着很多缺陷，但也蕴藏着巨大的潜能。列宁和托洛茨基等到大权在握之后，马上积极着手摧毁具有自由化倾向的苏维埃和工厂理事会等工具，确立了共产党的领导地位——实际操作中，就是中央委员会和最高领导者的地位——这一发展趋势和托洛茨基早些年曾经预测的完全吻合。对此，罗莎·卢森堡（Rosa Luxemburg）和其他左翼马克思主义者当年曾经发出过警告，而无政府主义者也一向有所理解。无论是普通民众还是整个政党，都需要接受“自上而下的最为严格的管理”，这正是托洛茨基所坚持的，而他自己的身份也最终从一个革命知识分子演变成为一个国家教父。在彻底掌控国家政权之前，布尔什维克领导层曾经聆听并采纳了不少从下层群众那里脱颖而出、参与革命斗争的普通人的心声，但是很显然这两个群体各自的目标是大相径庭的。这一点在1917年十月革命爆发之前已经露出了迹象，而到了布尔什维克领导层彻底掌权之后，就变得无比清晰了。

爱德华·霍列特·卡尔（E. H. Carr）是一个对布尔什维克充满同情的历史学者，他曾经写道：“工人们自发地组织成立工厂理事会，并且积极参与到对工厂的日常管理，这一切很显然不可避免地是受到了革命的影响和激励，这样一场革命推动工人们坚信这个国家所有的生产机器是属于他们的，可以按照他们自己的意愿，以更有利于他们自己的利益的方式加以运作。”正如一个无政府主义代表曾经说过的那样，“工厂理事会是未来的细胞……成为管理者的应该是他们，而不是国家”。

但是，很显然，那个国家教父比谁都更明白所有发生的这一切，他一举摧毁了工厂理事会，将苏维埃的角色彻底弱化为受自己支配的一个机构。11月3日，列宁通过“关于工人掌控权的草拟法令”宣布，所有推选上来的代表在行使其掌控权时必须“是为了确保国家能够维持最为严格的秩序和准则，为了保护国家资产”。随着这一
182 年临近尾声，列宁意识到，“我们终于完成了由工人掌控一切转为打造一个国家经济高级委员会来掌控一切的过程”，后者的目的是“取代、吸收和撤换由工人控制的机关”（卡尔的说法）。看到这一切之后，孟什维克的成员之一不由得感叹道：“社会主义的本质特征体现在工人当家作主上。”布尔什维克的领导层也发出了同样的感叹，只不过其手段是摧毁这一本质特征。

拥抱社会主义,美国准备好了吗[①]

C. J. 波利赫罗纽:诺姆,唐纳德·特朗普和伯尼·桑德斯的兴起 183
似乎都表明,当下的美国社会正处在一个意识形态重新大调整的阶段,这种趋势背后的动因是民众生活水准的普遍恶化,收入不平等日益严重,以及其他肆虐于这个新镀金时代的经济和社会痼疾。那么,在您看来,考虑到美国政治文化的独特性,2016年的总统大选究竟有多么重要?

诺姆·乔姆斯基:无论最终的结果会怎样,这一次的选举真的称得上是举世瞩目,因为它集中展示了美国民众日益增长的对新自由主义所造成的恶劣影响的不满情绪和愤怒心情。不仅存在于美国而且也存在于世界其他地区的新自由主义破坏了民主制度的正常运作,给普通民众造成了巨大的负面影响,只让极少数机构,特别是金融行业,利用这一机会大肆获利。要知道,金融行业本身在整个经济发展过程中所发挥的作用即便不能说是有害的,也是非常可疑的。基于同样的原因,自由主义在欧洲的发展趋势与在美国非常类似。这样的倾向有一段时间是非常明确的,但是,在这一次选举中,主要政党的“建制派”势力似乎有史以来第一次失去了掌控权。

对于共和党来说,在过去的各次党内初选过程中,他们在最后的党内总统候选人提名阶段总是能够将那些从底层成长起来的候选人挡在门外，只留下他们心仪的候选人。但是，这一次显然情况发生了逆转，事态的最终发展让他们慌了手脚，意识到自己这一次再也不能如愿以偿之后，他们开始陷入绝望。而在民主党方面，桑德斯单枪匹马，挺身而出，挑战“建制派”，并取得了显著的胜利，他的成功完
184 全可以和特朗普的最终胜利相媲美，显示出民主党内部也存在与共和党相类似的幻灭与担忧，尽管各自的表述并不相同，但二者之间很显然存在着一些相同因素。特朗普的支持者中包括很多白人工人阶级。大家显然都能很容易地理解他们内心深处的愤懑和绝望，也理解特朗普的言辞究竟为什么能够深深地吸引这群人。但是，很显然，这些选民下错了注、押错了马。特朗普提出的所有政策建议——其连贯性非常有限——不仅不会真正涉及这些选民合情合理的关切，而且很可能对他们造成更大的伤害。当然，特朗普所造成的伤害并不局限于这些支持者。

伯尼·桑德斯似乎是紧接着“占领华尔街”运动的步伐来提出他的选举活动主题的，重点关注经济不平等和社会权利。在您看来，这一趋势在选举结束后还会延续下去吗？还是说这样一种革新的动能等选举一结束就会烟消云散？

我觉得未来的发展最终需要看我们自己，更具体地说，取决于那些曾经被这场运动鼓动起来积极参与进去的人们，当然也包括桑德斯本人的未来表现。这样的能量和投入很可能会逐渐散退，就像彩虹联盟（Rainbow Coalition）身上所发生的那样。又或者，它可能会演变成为一种更具持续力，甚至不断壮大发展的社会活动力量，不再

① 最早发表在2016年5月18日的*Truthout*。

仅仅聚焦于选举的喧闹时刻，而更多地是利用选举活动进一步推进广大民众的真正关切。接下来几个月时间里何去何从非常关键。

那么，在您看来，伯尼·桑德斯仅仅是一个新政倡导者，或者也许是一个欧洲式的社会民主分子，还是立场更偏左的一个政治人物？

在我看来，他似乎更像是一个非常正派也是非常诚实的新政倡导者——新政事实上和欧洲式的社会民主主义并没有多大区别（事实上，这两个术语的含义都很广泛）。

在您看来，在当今经济全球化的大环境下，凯恩斯主义和社会民主主义还具有相关性和适用性吗？会不会已经失效了呢？

我认为它们还是非常相关的，可以帮助我们的社会和经济生活恢复到一定程度的理智与正常——当然，光靠它们已经远远不够了。我们应该有更高远的目标。

那么，美国的左翼力量是应该紧跟伯尼·桑德斯所明确设定的路线来改革，还是应该致力于推进更激进的社会和经济变革计划？

我不觉得这是一个需要两选一的问题，当然你可以选择投入其 185
中一个方向的力度。两者事实上是可以齐头并进的，甚至可以相互强化。就拿俄罗斯社会活动积极分子兼哲学家彼得·克鲁泡特金创办的闻名遐迩的无政府主义期刊《自由》来说，它的版面通常会更致力于展示当下正在发生着的以改革为主要目标的社会斗争，以期提升人们的生活水准，并为运动的继续深入打造一个坚实的基础。其所关注的问题都受到更激进的长期目标的指引。

在积极支持那些致力于保护和扩展公民权利的有价值的改革措施的时候，我们很显然找不到什么理由不去认真听从俄罗斯无政府主义者米哈伊尔·巴枯宁的建议：在改革现有社会的同时创造出未来社会的萌芽。比如说，我们应该积极支持在资本主义制度下的工作场所建立工人健康和安全标准，同时致力于打造能够为工人阶级自己所有、自己管理的企业。为了支持改革措施，我们应该致力于揭示现存体制下的问题根源，努力倡导这样一种认识：对公民权利的保护和扩展也是为了根除问题根源而采取的一个步骤。

从历史上来看，美国劳工运动所面临的一个最主要也是最巨大的挑战就是缺乏一个全国性的基于阶级的政治组织。那么，考虑到社会主义思潮开始在美国民众中的某些特定细分群体，尤其是年轻人群体中，逐渐扎下了根这一现状，您觉得在不久的将来情况会发生什么改变吗？

和其他一些经济发达并同属于资本主义社会阵营的国家相比，美国的政治发展史可以说是非常独特、非常不寻常的。和其他国家不同，美国的任何一个政党在一定程度上都不是基于阶级建立和发展的。美国的政党在很大程度上可以说是基于地域的，是美国内战的历史产物，而那场内战即便到了今天也没有彻底终结。比如说，上一次的美国总统大选中，红色州（共和党占主导地位的州）和当年的邦联州惊人地相似——当年的民权运动为尼克松推行其具有强烈种族歧视意味的“南方政策”打开了通路，自那之后，美国两大政党的名称互换了。美国的政党也是基于特设的联盟力量建立起来的，这就进一步模糊了任何可能的阶级界线，使得两党基本上演变成了占据统治地位的商业政党的两个不同组成派系而已，这种说法大家都不会感到陌生。

似乎找不到什么迹象能够表明这种状况发生了什么变化。由于美国推行的“最高票当选”制度，竞选活动耗资巨大，所以要想彻底突破两个主要政党的牢笼和束缚显然是非常不容易的，因为这两个政党不是会员制的，也不是参与式的，而更像是推举候选人和募集竞选资金的组织，只是二者的政策导向略有不同而已（在相对狭窄的 186
范围内）。举一个令人震惊的例子来说，你看民主党是多么轻易地就公开抛弃了白人工人阶级选民，迫使后者不得不转移到最为对立的阶级敌人，也就是共和党的领导层和权力基础那里去了。

至于你提到的年轻群体中逐渐萌生的社会主义思想根源，我们需要保持谨慎态度。在当下的情境下，这里所说的“社会主义”是否蕴含着一些不同于罗斯福新政式福利国家资本主义制度的内容，我们尚不清楚。不过在我看来，在今天这样糟糕的情境下，新政不啻为一种健康的发展方向。

那么，我们究竟应该如何来正确定义21世纪的社会主义呢？

和其他一些政治论述所使用到的术语一样，“社会主义”这一说法模糊而又宽泛。我们究竟应该如何来对其下一个正确的定义，这取决于我们自己所坚持的价值观和所追求的目标。20世纪美国著名社会哲学家约翰·杜威的提议，在我看来，可以说是一个比较好的开端，也很合乎美国当下的情境。杜威呼吁美国进行全面民主化，包括政治、经济和社会生活各个方面。他坚持认为，工人们应该“在工业社会中当家作主”，“生产、交易、公共舆论、运输和传播等各种手段”都应该掌控在公众的手中。如果不能做到这一点，政治就会始终作为“大企业投在整个社会上的阴影”而存在，社会政策则必然向这些掌控权力的主子们倾斜。杜威的提议确实可以称得上是一个比较良好的开端，因为比较充分地考虑了复杂的历史和社会原因。

今日的左翼力量所面临的一个问题是，无论是谁，一旦开始登上权力顶峰，他们就会马上屈服于资本主义的威权，自己也开始浸淫于腐败的怪圈，并且为了获得更多掌控力和物质利益而对权力汲汲以求。在巴西，在希腊，在委内瑞拉，以及在其他国家，我们都目睹了这种现象。您如何解释这种现象呢？

这一现象令人深感悲哀。其背后的原因各有不同，但是其所带来的结果毫无疑问都具有很大破坏性。以巴西为例来说，劳工党曾经拥有很多机会，完全可以成为一支最终推进巴西社会变革和进步的力量。如果考虑到巴西在整个南美大陆中所占据的独特地位，它可以为该大陆其他国家指明一条正确的发展方向。尽管我们不能否认他们确实取得了一定的成就，但是随着该党领导层开始和其他社会精英群体同流合污，彻底陷入了比赛谁更腐败的下沉漩涡之后，所有的机会被彻底浪费了。

187 无论伯尼·桑德斯如何受到众人追捧，他是不可能赢得民主党的提名的，这一点应该是毋庸置疑的。但是，他坚称自己会以候选人身份坚持到党内全国代表大会召开。他这么做，您觉得是想要达到什么目的？

我推测，他这么做的意图正如他反复申明的那样：在全国代表大会确立民主党全党平台的进程中起到积极作用。这一点其实在我看来并没有那么重要；所谓全党平台基本上只是一个说法而已。真正能够起到关键作用的应该是另外一些事情：利用本次大选当中主要由各种宣传活动所激发的民众热情，持续不断（而不是围着大选周期来转动）地组织和推动群众运动发展壮大，通过采取直接行动和一切合适手段促进当下美国社会所急需进行的各种变革。

如果所谓的“美国梦”像唐纳德·特朗普所宣称的那样，早就寿终正寝了，那么，为什么很多民调结果都还是不断地显示大多数接受调查的美国人都坚称他们对“美国梦”坚信不疑，甚至自己就生活在“美国梦”中？“美国梦”究竟是一种现实还是一种幻觉呢？

所谓“美国梦”其实是个大杂烩。它的源头可以追溯到19世纪，当时拥有人身自由权的美国人可以获得土地，并且在不断扩张的经济大潮中争取其他机会。那一次经济发展的高潮归功于对曾经占这个国家总人口最高比例的土著人赶尽杀绝的政策，还归功于以人类有史以来最为残酷的奴隶制度对经济发展所作出的巨大贡献。

后来，这个“美国梦”也发生了变异，因为不同的群体或者不同的历史发展阶段而染上了不同的色彩。到1924年，为了彻底阻截不受欢迎移民（主要是意大利人和犹太人）的到来，来自欧洲的移民的人数大幅度下降，而在这之前，所有的移民都可以怀抱梦想，通过自己辛勤的劳作成为一个富裕社会的一员，拥有其他地方无法比拟的优势。到了20世纪50年代和60年代，国家资本主义突飞猛进，所有的工人阶层，包括过去500年一直在遭受痛苦压迫而难得一见天日的非裔美国人，都有希望获得一个收入不错、带有福利并由工会保护的工作机会，从而拥有自己的住房和汽车，让自己的孩子有机会接受更好的教育。进入到20世纪70年代之后，美国经济转向金融化和新自由主义，到了里根时代以及之后这种趋势以加速度在发展，导致“美国梦”几乎戛然而止。但是，我们没有理由认为原来的“美国梦”真的就已经彻底终结了，也没有理由认为比“美国梦”更美好、更人道、更公平的社会就真的遥不可及。

为什么我选择乐观而不选择绝望①

189 **C. J. 波利赫罗纽：**诺姆，您所撰写的《我们究竟是什么样的生物？》（*What Kind of Creatures Are We?*）一书让我们清晰地看到了您过往多年对语言和思维领域的深入研究，以及您自身对社会和政治领域多年以来所坚持的理念和观点。首先我想问您的是，您觉得您自己在过去50年的研究生涯中发展出的语言生物学方法至今是否还存在继续探索的空间，如果存在的话，关于人类如何掌握语言这一研究领域，还有哪些问题尚未得到明确的答案？

诺姆·乔姆斯基：不管怎么说，这一领域的发现并不仅仅是我一个人的功劳。还有很多人也致力于这一领域的研究，其中一个真正的开拓者就是已经去世了的埃里克·勒纳伯格（Eric Lenneberg），从20世纪50年代我开始酝酿那些想法和概念的时候，他就是我的好朋友。他的《语言的生物学基础》（*Biological Foundations of Language*）一书绝对可以称得上是这一领域的不朽经典。

这一研究计划当然没有终止，仍有进一步探索的开放空间。究竟应该如何设定这项研究的边界本身就是一个尚未得到明确回应的问题，这样的研究对于推进托马斯·库恩（Thomas Kuhn）所称的“常规科学”的进程是至关重要的。而其他那些更为让人摸不着边际的问题则是非常传统、非常有诱惑力的。

其中一个开始得到大家的关注并被纳入严肃研究的课题是人脑中语言能力的实现与运用。这是一项非常艰辛的研究。即便是在以昆虫为研究对象的项目中，要回答类似问题都会遭遇到极大的挑战，而当研究对象转为人类自身的时候，难度会大大地提高，其中原因不只是因为人脑的高度复杂性。我们对人类的视觉系统已经有了比较深入的了解，那是因为人类的视觉系统和猫或者猴子的视觉系统并
没有太大的区别，而且我们人类对伤害到动物的科学实验总是抱着 190
一种相对宽容的态度（不管这种态度是正确的还是错误的）。而一旦涉及到人类，同样的研究方式显然是完全不可行的，因为人类的语言能力在生物学上是一个孤立现象。在整个生物世界里，我们显然是找不到任何一个相关的类比对象——这本身就是一个饶有趣味的课题。

但是，新的非侵害性技术也开始给我们提供了一些重要证据，有时候甚至已经开始以一种有趣的方式触及到了那些涉及到语言本质的开放性问题。这些问题同样涉及到有关研究边界的问题，包括大量极具挑战性的有关语言属性和能够用来解释这些属性的原理的问题。那些远远地超出边界——甚至可能已经超越了人类的能力极限——的问题能够激活关于语言本质的传统观念（和困惑），其中包括伽利略、笛卡儿（Rene Descartes）、洪堡等人类思想史上的伟大人物所提出的问题。其中最主要的一个问题关于“语言运用的最具创造力的方面”，也就是一种让人类在脑海中构造并理解表达其思想的无数个新表达方式的能力，以及以合乎特定情境同时又并非由该情境所引发的方式来运用这些表达方式的能力，是将人类和其他动物

① 最早发表在2016年2月14日的*Truthout*。

区别开来的重要能力。

如果用笛卡儿术语来表达，我们人类是“容易被刺激而且具有倾向性的”，但并不是可以“被强迫的”。这些特征显然绝不局限于语言领域。当今世界研究意识运动的两个著名神经科学家埃米利奥·比齐（Emilio Bizzi）和罗伯特·阿杰米恩（Robert Ajemian）曾经针对这一课题进行过生动有趣的探讨。在对艺术领域的最新发展状态进行了全面回顾之后，他们观察到我们人类已经逐渐开始理解牵线木偶和背后牵动他们的引线之间的运作原理，但是牵线木偶的主人则始终是一个不可解之谜。由于语言在人类生命中占据着极为重要的中心位置，在我们构建、表达和诠释各种思想的过程中发挥着重要作用，因此人类对语言的正常运用以一种极具戏剧性的引人入胜的方式展现着这些神秘的能力。那也正是为什么，在笛卡儿看来，对语言的正常运用是区分人类与任何其他形式的动物或者机器的关键要素，这也正是他所提出的身心二元论的基础——他的这一观点和我们现在通常接受的理论相反，但是在他生活的那个年代，却是一个合理的科学假设，其后来的接受史颇为耐人寻味。

您认为语言与哲学的相关性具体表现在哪些方面？

我在回答前一个问题时提到的一些想法其实已经开始在回应你的这一问题了。传统上，大家普遍认为人类的语言能力是一种归属
191 于某些物种的特殊属性，除非是患上了严重的疾病，否则该属性是人类所共有的，本质上是人类所独有的。勒纳伯格的重要学术贡献之一是开始将这一激进的断裂性植根于健全的现代生物学领域，其结论已经得到了后来的研究工作（有很多人为此发表了极为激烈的批驳意见，但是在我看来都是建立在误解的基础上的）的支持和强化。更进一步的是，勒纳伯格所推动的研究工作同样也表明，人类的语

言能力似乎同人类拥有的其他认知能力了无干系。尤为重要的是，语言能力不仅是人类思维的工具，而且也很可能是我们思想的重要来源。

对语言的深入研究帮助我们获得了很多洞察，帮助我们理解经典哲学关于概念本质以及概念与意识–外部实体之间关系的问题，这些问题的复杂程度远远超出我们通常的假定。更普遍的情况是，这些研究给我们指出了一些方式方法，能够帮助我们更深入地了解人类知识和判断的本质。在另一个领域，约翰·米哈伊尔（John Mikhail）和其他研究者近期所做的研究工作为我们提供了很重要的依据，能够有力地支持约翰·罗尔斯（John Rawls）提出的关于人类直觉性道德观念与语言结构之间关系的思想，这些思想长久以来一直不受重视。当然，还有很多新的发现。对语言的研究之所以在哲学研讨和分析中一直占据着中心地位是有充足理由的，而且，我认为，许多最新的发现和洞察与传统的关注和思考都有直接关系。

伦敦大学学院著名的语言学家尼尔·史密斯（Neil Smith）在他的《乔姆斯基：理念和理想》（*Chomsky: Ideas and Ideals*）一书中说，身心问题被您取消了，不过您所采取的手段并不是指出我们人类对心的问题的理解是非常有限的，而是指出我们无法界定身体是什么。您觉得他究竟想要表达什么意思？

首先需要声明的是，我并不是那个将这一问题取消了的人。我远未做到那种程度。真正将这一问题取消了的是艾萨克·牛顿（Isaac Newton）先生。从伽利略及其同时代人开始，早期现代科学是建立在这样一个原理基础上的：整个世界本质上就是一架机器，只不过是一架比当时技艺高超的工匠们发明创造出来的令人惊叹不已的自动化机器更复杂、更精巧的机器而已。这台机器激发了那个时代人们的科学想象力，就如同今天计算机和信息处理工具所起到的作用一样。当时那个年代的伟大科学家，包括牛顿在内，都接受了“机械哲学”（意味着机械科学）作为他们的研究事业的基石。笛卡儿则坚信，是他自己一手打造完成了机械哲学，该哲学包括了人类身
192 体的所有现象，尽管他自己也曾承认，有一些现象事实上不在其理解范围之内，其中就包括上文提到的非常重要的一点：“语言运用的最具创造力的方面”。因此，他以一种貌似可信的口吻提出了一个新的原理——按照当时盛行的形而上学，这是一种新的物质，思维物（res cogitans），“思维之物，心”。他的追随者们则设计出了很多种实验手段，试图判定其他物种是否也同样拥有这样一种属性，他们和笛卡儿一样更关注于发现身心两种物质究竟是如何互动的。

牛顿的出现彻底撕裂了上述画面。他向世人展示了笛卡儿关于身体的描述是错误的，更进一步的是，人们无法对物理世界进行机械性描述，也就是说，这个世界并不是一架机器。牛顿自己都觉得这一结论实在是太荒谬了，以至于任何一个拥有健全科学知识的人都不可能真正接受这样的结论，尽管它本身事实上是非常正确的。基于这样的理解，牛顿以当时人们可以理解的方式彻底摧毁了有关身体（物质的，物理的，等等）的各种概念，让大家意识到，在“我们多少有所理解的东西之外”，并没有什么能够取代我们的身体。笛卡儿关于心的概念则并没有因此受到任何影响。大家后来也就习以为常地说，我们人类自身已经摆脱了“机器中的幽灵”这样一种神秘主义观念。事实恰恰相反：牛顿只是对机器进行驱魔，而幽灵则毫发无损，同时代的许多伟大哲学家，比如约翰·洛克（John Locke），对此所造成的后果有着极为深刻的理解。

洛克紧接着牛顿的思想继续推测（以那个时代可以接受的神学术语），就像上帝给物质增添了不能为人类所真正理解的吸引力和排

斥力属性一样（就像“那个审慎明智的牛顿先生”所展示给我们大家的那样），也许上帝还给我们人类“超级地添加上了”思维能力这一属性。这样的建议（在后来的哲学史上以“洛克建议”为人所熟知）到了18世纪仍然是众人竭力追寻的一种观念，其热捧者包括哲学家兼化学家约瑟夫·普里斯特利（Joseph Priestley），后来达尔文也采纳了这一说法，而到了当代，又在神经科学和哲学领域被重新发现（很显然对其早期起源并不知晓）。

关于这些问题，我们还可以讨论下去，但是本质上就是史密斯所提到的那些。牛顿以一种经典的笛卡儿形式（是否还存在其他更一致、更连贯的形式，我们并不清楚）彻底取消了那个身心二元问题，其手段是取消身、保留心。正如大卫·休谟所总结的那样，通过这种方式，“牛顿似乎是揭开了自然中某些神秘现象的面纱，同时向人们展示了机械哲学的不完美性……因此让（自然的）终极秘密重新回归到一如既往、恒久不变的隐秘状态。”

在您对语言学领域的研究取得突破之前，这个领域被斯金纳（B. 193
F. Skinner）关于人类语言行为的理论所垄断，他的这一理论也被普遍运用到营销和推广领域。您对斯金纳理论的批评不仅彻底推翻了那个时代占据主导地位的标准范式，而且也在语言学研究领域建立了一种全新的理论模式。但是，在营销和消费者行为研究领域，行为主义理论似乎仍然占据着主导地位。您如何解释这种明显的自相矛盾现象呢？

在塑造和控制人们的思想和态度以及某些行为，至少是在营销和推销消费主义这种浅层行为上，行为主义理论（尽管并不一定是斯金纳的理论）可能会非常管用。这种希望控制人们思想的想法恰恰是规模庞大的公关行业最推崇的理念，这一行业正是在世界上最自由的国家比如英国和美国率先发展起来的，其背后的驱动力是这样一种认知：普通民众已经争取到了太多曾经受武力控制的权利，因此公关人员有必要转而采用其他手段，也就是这个行业的创始人之一爱德华·伯奈斯（Edward Bernays）所称的“共识工程学”。

伯奈斯撰写了《舆论》（*Propaganda*）这本公关行业的奠基性专著，他解释说，共识工程学和“系统化操作”对于民主化社会都是非常有必要的，其目的和效果是确保“有知识的少数群体”最终能够在不受那些令人头疼的公众的干预下自由行事（当然是为了所有人都受益），至于公众，只需要维持其被动性，或者让他们保持顺从的态度，或者是尽可能地转移他们的注意力；充满激情的消费主义很显然是实现上述目的和效果的有效手段，其基础是想方设法地“创造需求”。

根据伯奈斯的同代人、自由派思想伙伴、那个年代具有领先地位的公共知识分子沃尔特·李普曼（Walter Lippmann）的解释，那些“无知的只会多管闲事的外来者”——普通公众——必须“好好地待在自己该待的地方”，扮演好“旁观者”而不是“参与者”的角色，而“那些真正能负起责任的人”则必须要确保不被“混乱羊群的踩踏和叫嚣”所影响。这就是当下占据了主导地位的民主制度理论的基本原则。通过控制人们的思想、态度和行为来进行营销、操纵共识的做法是一个非常关键的杠杆，能够确保上述目的的实现——（不经意地）确保利润源源不断。

很多人都认为，作为人类我们存在冒进和暴力的倾向，正是这些倾向的发生才导致了压迫和剥削制度的兴起，并贯穿整个世界、贯穿人类文明发展进程。对于这种关于人类本性的幽暗观点，您会如何回应呢？

压迫和剥削确实存在，这是人类本性的反映。同为人类本性的 194
还有同情、团结、友善和关爱他人——对类似亚当·斯密这样的伟大人物来说，这些才是人类的本质属性。社会政策的任务是设计我们生活的方式以及制度和文化结构，以达到扬人性之善、抑人性之恶的目的和理想。

人类是社会动物，因此我们的行为取决于我们生活中的社会和政治制度，那么，在人类的基本需求（比如食物、住所和不受外来威胁的保护）之上，是否还存在造福于整个人类的共同的善呢？

这些基本需求曾经被马克思称为我们人类的“动物性需求”，对此，他给出的愿景是：等到有朝一日共产主义实现了，这些需求都可以被充分满足，从而让我们获得解放，开始转向“人类需求”的高效满足，这些需求对人类发展的重要性会大大地超越“动物性需求”——但是，我们绝对不能忘记布莱希特（Brecht）的警告：“请先确保脸面”。

您能概括一下您对人类本性的定义吗？或者换个问法，我们人类到底属于什么样的生物？

对于这个问题，我在自己的书中一开始就说过：“我不会自以为是地认为以我一己之力就能提供一个让大家满意的答案”——后来，我又说：“似乎还是有理由相信，至少在某些特定领域，尤其是考虑到我们人类的认知能力，我们确实能够获得有价值、有意义、有趣味的洞察，其中不乏全新的洞察，这些洞察有助于扫清那些阻挡我们进行深入思考和探索的障碍，包括一些虽然被广泛地接受了，但是其根基却远非我们假想的那样稳固的观念。”从那时起到现在，我并没有变得更加自以为是。

您把自己的政治哲学定义为秉持自由立场的社会主义/无政府主义，但是却拒绝承认这样一种看法：作为一种关于社会秩序的愿景的无政府主义很自然地源自于您的语言学观点。那么，无政府主义与您的语言学观点之间的联系纯粹是一种巧合吗？

可能不只是巧合而已，但显然并不存在由此及彼的直接关系。从足够抽象的层面来讲，两者之间确实存在着一个共同点——这个共同点，有些时候人们可能会在启蒙运动时期和浪漫主义盛行时代有所认识，或者至少有所感知。在哲学和语言学这两个领域中，我们
195 可以感知，或者至少可以希望，人性的核心是巴枯宁所说的“追求自由的本能或天性”，这种天性不仅体现在人类正常的语言运用的创造性一面，同时也体现在这样一种认知当中——任何一种形式的操纵、威权和等级制度都无法自证其合理性，其中每一种都需要为自身的存在找到合理性，如果找不到（事实上通常是不可能找到的），那么这种形式的操纵、威权和等级制度就必须废除，转而支持更大的自由和正义。在我看来，这似乎就是无政府主义的核心理念，其来源是关于基本人性的经典自由主义根基和深邃认知——或信念，或希望。秉持自由立场的社会主义则往前迈进了一大步，引入了关于人类同情、团结、互助的新理念，也体现了启蒙运动的根源和关于人类本性的构想。

无论是无政府主义愿景还是马克思主义愿景，最终都未能在我们这个时代扎下根来，事实上也有不少人辩驳说，人类在过去比在现在更有条件实现对资本主义的历史性征服。如果您认同这样的观点的话，您觉得是哪些因素让我们在实现一个不同的超越资本主义和剥削现象的社会秩序的过程中，遭遇到如此令人沮丧的挫折呢？

当下占据主导地位的制度是某些形式的国家资本主义。在过去

几十年，国家资本主义被新自由主义观念给扭曲了，乃至对人类尊严产生了冲击，甚至影响到了普通人生活中的“动物性需求”的实现和满足。更令人感到恐惧的是，除非这一切能够得到逆转，否则的话，这些观念的大行其道将使人类的美好生活不复存在，这种危险迫在眉睫，并非遥不可及。但是，也没有任何理由让我们相信这些危险倾向是不可动摇、不可逆转的，它们也是一些特定的情境和特定的人为决定所造成的。关于这些情境和决定，其他人已经作过非常全面、非常深入的研究了，我就不在这儿赘述了。一切都能够逆转，也有充足的证据表明人类已经在主动地抵抗上述倾向了。如果我们还想给我们这个物种以及在很大程度上受控于我们这个物种的世界留一点希望的话，那么抵抗的力量必须不断壮大。

经济不平等，缺乏增长动力，新工作机会稀缺，生活水准不断下降，所有这一切已经成了当代发达社会的关键特征了。更有甚者，气候变化挑战似乎已经成为我们所生存的这个星球的一个真实威胁。对于我们是否能够在试图解决经济发展问题的同时找到合适的方式来逆转对环境造成的巨大灾难这一点，您乐观吗？

在我们关心的所有问题之上，始终笼罩着两大阴影：环境灾难 196
和核武器，而在我看来，人们显然严重地忽视了前者带来的威胁。在核武器问题上，我们至少可以知道一个答案，那就是彻底消灭它们，就像当年的天花，只要找到技术上可行的合适解决方案总是能够将之彻底消灭掉的，让不祥的诅咒远离我们。而在环境灾难问题上，似乎还留给我们人类一定的时间来扭转最糟糕的可能，但是所有这一切都需要找到一个真正有效的解决方案，超越目前我们所采用的各种措施；可惜的是，目前我们还需要克服巨大的障碍，至少在世界上最强大的这个国家，在那个自称为超级霸权的国家，需要克服很多障碍。

在美国关于最近召开的巴黎世界气候大会的铺天盖地的报道中，这条信息是最重要的：所有参与气候协议谈判的国家都希望签订的约束性协议并不在国会的议事日程上，因为这份协议在被交到共和党掌控的国会手中的时候就“见光死了”。无论是哪个共和党总统候选人，他们要么是斩钉截铁的气候变化否定论者，要么就是对此将信将疑，因而反对政府就此采取任何行动，这一事实令人深感遗憾和震惊。美国国会对巴黎大会顺利召开的庆祝举动是将奥巴马总统试图扭转这一人间灾难的微弱努力彻底扼杀在摇篮中。

在国会中占多数席位的共和党（其普选选票事实上占少数）洋洋自得地宣称，之所以要削减环保署的预算，其目的是为了有效控制国会预算委员会主席哈尔·罗杰斯（Hal Rogers）所谓的“毫无必要的，会减少工作岗位的监管项目”——或者，用更为通俗易懂的语言来说，就是环境破坏的少数控制措施之一。我们大家都应该牢牢记住，按照现代人习惯的说法，“工作岗位”一词不过是那个不便明目张胆地宣称，由7个字母组成的词（profits，利润）的委婉说法而已。

考虑到人类作为一种生物的特征，对于我们的未来，您总体上乐观吗？

摆在我们大家面前的选择有两个。我们可以变得非常悲观，举双手投降，放任最糟糕的一切发生。或者，我们也可以秉持乐观主义精神，抓住一切机会，努力有所作为，兴许会让这个世界变成一个更美好的地方。可供我们选择的道路，其实并不多。

索　引

（索引页码为英文版页码，即本书边码）

图书在版编目（CIP）数据

乐观而不绝望/（美）诺姆·乔姆斯基（Noam Chomsky），（美）C.J.波利赫罗纽（C. J. Polychroniou）著；顾洁，王茁译. —上海：上海译文出版社，2019.11

（乔姆斯基作品系列）

书名原文：OPTIMISM OVER DESPAIR: On Capitalism, Empire, and Social Change

ISBN 978-7-5327-8088-4

Ⅰ. ①乐… Ⅱ. ①诺… ②C… ③顾… ④王… Ⅲ. ①国际政治–研究 Ⅳ. ①D5

中国版本图书馆CIP数据核字（2020）第066034号

NOAM CHOMSKY C. J. POLYCHRONIOU

OPTIMISM OVER DESPAIR: ON CAPITALISM, EMPIRE, AND SOCIAL CHANGE

图字：09-2018-1266号

乐观而不绝望： 资本主义、帝国和社会变革 OPTIMISM OVER DESPAIR: On Capitalism,Empire, and Social Change	NOAM CHOMASKY C. J. POLYCHRONIOU ［美］诺姆·乔姆斯基 C. J. 波利赫罗纽 著 顾 洁 王 茁 译	出版统筹 赵武平 责任编辑 陈飞雪 李欣祯 装帧设计 宋 涛

上海译文出版社有限公司出版、发行
网址：www.yiwen.com.cn
200001 上海福建中路193号
上海信老印刷厂印刷

开本890×1240 1/32 印张9.5 插页2 字数187,000
2020年5月第1版 2020年5月第1次印刷

ISBN 978-7-5327-8088-4/D·122
定价：49.00元